Thanks

My most sincere thanks to Madame Marie-France Mousseron for these recipes she shared with my students from Mount Holyoke College in Montpellier, France. I also thank Kathryn Levine and Alana O'Neal for their assistance with translations from French to English, Valerie Shepard for the cover illustration and Kim Mousseron for proofreading.

Remerciements

Mes remerciements les plus sincères à Madame Marie-France Mousseron pour ces recettes qu'elle a partagées avec mes étudiantes de Mount Holyoke College à Montpellier. Je remercie également Kathryn Levine et Alana O'Neal pour leur assistance avec les traductions des recettes de français en anglais, Valerie Shepard pour le dessin de couverture et Kim Mousseron pour la correction des épreuves.

Table of Contents / *Index des recettes*

4

Almond Tile Cookies
(Tuiles)

Ingredients: 3 egg whites
3/4 cup sugar
2/3 cup flour
5 tablespoons butter
2 oz. slivered almonds
1 tablespoon powdered almonds

Beat the egg whites, but stop before they form peaks. Add the other ingredients, stirring well after each addition.

Bake about 5 minutes on a cookie sheet at 400°F, watching carefully as these cookies burn easily.

While they are still warm, remove the cookies from the sheet and bend them around a cylinder (rolling pin, paper towel tube, etc.) until they cool. These cookies are called *"tuiles"* in French, which means "tiles", because this half-pipe shape is like the clay tiles on the roofs in the south of France.

Tuiles

Ingrédients :   3 blancs d'œuf
                     150 g de sucre
                     100 g farine
                     75 g beurre
                     60 g amandes effilés
                     1 cuillère à soupe de poudre d'amandes

Battre les blancs d'œufs, s'arrêtant avant qu'ils soient en neige. Ajouter les autres ingrédients en agitant bien entre chaque addition.

Cuire environ 5 minutes à th.6/200°C sur une plaque de cuisson. Surveiller soigneusement, car ces gâteaux brûlent vite.

Décoller les gâteaux de la plaque et les coller sur un support tubulaire (un rouleau à pâtisserie, par exemple) jusqu'à ce qu'ils soient froids.

Alsatian Tart
(Tarte Alsacienne)

Ingredients: Pastry crust (*pâte brisée*)
Apples (Golden Delicious)
Cream
Milk
Rum
1 egg

Precook the pastry crust for about 10 minutes. Remove from the oven and cover with apple slices placed in a circular pattern.

Combine the beaten egg, milk, cream, and a little rum, and pour it over the tart. You can also add powdered almonds.

Finish baking the tart, watching closely.

Tarte Alsacienne

Ingrédients :   Pâte brisée
Pommes golden
De la crème
Du lait
Du rhum
Un œuf

Faire précuire la pâte brisée pendant 10 minutes. Repartir les tranches de pomme en rond.

Couvrir d'une crème faite avec de la crème, du lait, un peu de rhum et un œuf battu. On peut aussi ajouter un peu de poudre d'amandes.

Finir la cuisson en surveillant.

Andalusian Mussels
(Moules à l'Andalouse)

Ingredients :   Fresh mussels in shells
Olive oil
Vinegar
1 onion
1 red pepper
1 green pepper

Clean the mussels. Place them in a saucepan over medium heat to open them. Discard the ones that stay closed. Remove one shell from each remaining mussel.

Chop the onions and the peppers into equal sized pieces. Make a vinaigrette with the olive oil, vinegar, onion, and peppers. Serve the mussels with the vinaigrette.

Moules à l'Andalouse

Ingrédients :   Moules fraîches en coquilles
De l'huile d'olive
Du vinaigre
Un oignon
Un poivron rouge
Un poivron vert

Nettoyer les moules. Les mettre dans une casserole et les faire ouvrir à feu moyen. Jeter celles qui n'ouvrent pas. Enlever une coquille de chaque moule.

Hacher les oignons et les poivrons à parts égales. Faire une vinaigrette avec l'huile d'olive, le vinaigre, l'oignon et les poivrons.

Servir les moules accompagnées de la vinaigrette.

Apple Crumble
(Crumble aux pommes)

Ingredients: Plain applesauce
1 tablespoon sugar
1 tablespoon flour
1 tablespoon powdered almonds
Butter

First, prepare the topping to cover the applesauce: combine the sugar, flour, and powdered almonds. (The powdered almonds can be replaced by another tablespoon of flour.) When the mixture is consistent, add enough butter in small pieces to make the topping. Then, crumble the mixture on top of the applesauce.

Bake in the oven at 375°F until the topping becomes crispy and crackly.

Crumble aux pommes

Ingrédients :   compote de pommes nature
1 cuillère à soupe sucre (blanc ou roux)
1 cuillère à soupe farine
1 cuillère à soupe de poudre d'amandes
Du beurre

Préparer la pâte pour couvrir la compote de pommes : Mélanger le sucre, la farine, et la poudre d'amandes. (La poudre d'amandes peut être remplacée avec une cuillère à soupe de farine.) Quand le mélange est homogène, ajouter beurre en petits morceaux pour en faire une pâte. Puis l'émietter sur la compote.

Cuire au four à th. 6/200°C jusqu'à ce que la pâte durcisse et se craquelle.

Apple Tart
(Tarte aux Pommes)

Ingredients: Pastry crust (*pâte brisée ou feuilletée*)
                    Apples
                    Sugar
                    Butter

Pre-bake the crust for about 10 minutes. Slice the apples and use them to line the crust.

Sprinkle with sugar and dabs of butter, then finish baking while watching closely.

Tarte aux Pommes

Ingrédients :   Pâte brisée ou feuilletée
                    Pommes
                    Du sucre
                    Du beurre

Faire précuire la pâte pendant 10 minutes. Repartir les tranches de pomme. Saupoudrer de sucre et de noisettes de beurre.

Terminer la cuisson en surveillant.

Arles Doughnuts
(Bugnes d'Arles)

Ingredients: 1 2/3 cup flour
A scant ½ cup sugar
3 egg yolks
1 shot of rum
A pinch of salt
A small glass of water
Confectioner's sugar

Mix everything but the confectioner's sugar to make a firm, even dough. Let sit in mixing bowl covered with a dishtowel for half a day. Roll and cut into rectangles and cook in boiling water. Drain on paper towels and sprinkle with confectioner's sugar.

Bugnes d'Arles

Ingrédients :   250 g farine
100 g sucre
3 jaunes d'œuf
1 verre à liqueur du rhum
1 pincée de sel
1 petit verre d'eau
Sucre glace

Mélanger les ingrédients jusqu'à ce qu'ils forment une pâte homogène ferme. Repos dans un saladier couvert d'un torchon une demi-journée. Etaler. Découper en rectangles et faire frire dans l'eau bouillant. Egoutter sur du papier absorbant et saupoudrer de sucre glace.

Baba à l'orange

Ingredients: 2 whole eggs
About ½ cup sugar
About ½ cup flour
2 teaspoons baking powder
Grated zest of 2 oranges

For the syrup: A heaping ¾ cup sugar
The juice of 6 oranges
2 tablespoons rum

Gently beat the eggs, then weigh them. Measure out the same weight of flour, sugar, and butter. Mix the eggs, sugar, flour, baking powder, and the orange zest and bake in a buttered ring mould about 30 minutes at 400°F.

When the baba is almost done, make the syrup over medium heat with the sugar, orange juice, and rum.

When the cake is done, de-mold it in a shallow dish and drizzle with syrup. Decorate with sweetened whipped cream and orange slices poached in syrup.

Baba à l'orange

Ingrédients :   2 œufs entiers
                    Environ 120 g sucre
                    Environ 120 g farine
                    1 paquet levure chimique
                    Le zeste râpé de deux oranges

Pour le sirop :   200 g sucre
                    Le jus de 6 oranges
                    2 cuillères à soupe de rhum

Peser les deux œufs et mesurer le même poids de sucre et farine. Mélanger les œufs, le sucre, la farine, levure chimique, et le zeste et faire cuire dans un moule couronne beurré à four th. 6/200°C environ une demi-heure.

Quand la cuisson est presque finie, faire un sirop à chaud avec le 200 g sucre, jus d'oranges, et rhum.

Démouler le gâteau après 10 minutes de repos dans un plat creux et arroser de sirop le gâteau encore chaud.

Décorer avec chantilly et tranches d'oranges pochés au sirop.

Baked Apples
(Pommes au four)

Ingredients :   1 apple (e.g. Reinette) per person
Sugar
Butter
Lemon juice

Wash and core the apples. Place them in an oven-safe dish and fill them with butter. Sprinkle generously with sugar, then put a few tablespoons of water in the bottom of the dish and add a few drops of lemon juice.

Bake in the oven, watching closely, for about ½ hour at 400°F. Serve hot with vanilla ice cream.

Pommes au four

Ingrédients :   1 pomme, de préférence une Reinette, par personne
Du sucre
Du beurre
Quelques gouttes de jus de citron

Laver les pommes et enlever les trognons au vide-pomme. Placer les pommes dans un plat pyrex et les remplir de beurre. Saupoudrer-les largement de sucre. Mettre quelques cuillères à soupe d'eau dans le plat et ajouter quelques gouttes de jus de citron.

Cuire au four à th. 6/200°C environ une demi-heure en surveillant.

Servir les pommes chaudes avec glace vanille.

Basque Stir Fry
(Piperade Basque)

Ingredients: 3 peppers: 1 red, 1 yellow and 1 green
1 minced onion
2 cloves of garlic
Thyme or fresh basil
Espelette pepper (hot pepper powder)

In a wok or frying pan, cook the peppers, onion, and garlic in olive oil. Flavor with thyme or, better, fresh basil after cooking.

This dish can be served as an appetizer or as a main dish with an omelet and Bayonne ham.

Piperade Basque

Ingrédients :   3 poivrons : 1 rouge, 1 jaune, et 1 vert
1 oignon émincé
2 grains d'ail en chemise dégermé
Thym ou basilic frais
Piment d'Espelette

Laisser cuire et réduire au wok avec d'huile d'olive. Parfumer avec le thym ou mieux basilic frais après cuisson.

Se sert en entrée ou avec omelette et jambon de Bayonne.

Boiled Veal
(Pot au feu)

Ingredients: Veal shank
Marrow bones
Soup vegetables – carrots, celery, potatoes, etc
1 onion
Thyme, bay, whole cloves
Sea salt and pepper corns
1 herb bouillon

Generously cover the bones with cold water in a large, heavy pot over medium heat. When the water boils, add the thyme, the bay, the herb bouillon and the onion stuck with cloves. Skim the broth and then add the veal shanks and the grossly diced vegetables. Cook about an hour, adding the peeled potatoes 20 minutes before ready.

Serve with butter, mustard, or gherkin pickles.

Pot au feu

Ingrédients :   Jarret de veau
Os à moelle
Légumes de soupe
1 oignon
Thym, laurier, clous de girofle
Gros sel et poivre en grains
Quelques carottes
1 brin de céleri
Pommes de terre pelées
1 bouquet garni dans une feuille de poireau ficelée

Mettre l'os dans de l'eau froide. Quand l'eau bouille, ajouter le thym, laurier, gros sel, poivre en grains, le bouquet garni dans la feuille de poireau ficelée et l'oignon piqué de clous de girofle. Ecumer le bouillon, puis ajouter la viande et les légumes. Laisser cuire doucement environ 1 heure. 20 minutes avant la fin de cuisson, ajouter les pommes de terre pelées.

Servir avec du beurre, moutarde, ou cornichons.

Camargue Beef Stew
(Gardianne joue de bœuf)

Ingredients:	Shank of beef, cut in 2-inch cubes (count 3 cubes per person) Flour
1ˢᵗ marinade:	Bacon cubes 1 bacon rind A few carrots, in slices 1 onion, minced 1 shallot, minced 2 garlic cloves 3 cloves Thyme to taste 2 cups strong red wine (e.g. Corbières) ½ cup olive oil 2 tablespoons red wine vinegar
2ⁿᵈ marinade:	1 tall glass hot water 1 beef bouillon cube

The day before, marinate the meat in the first marinade. Do not salt it or the meat will toughen.

The next day, drain the meat and flour it lightly. Sauté the onion and the carrots followed by the meat. After about 5 minutes, add enough wine and water to cover the meat and then add the bouillon cube. Add salt, if desired.

Let cook about an hour. Add potatoes and cook another 20 minutes. Serve with white rice, pasta, or potatoes.

Gardianne bœuf ou Taureau de Camargue

Ingrédients :   Jarret de bœuf (ou joue de bœuf) ou taureau détaillé en
cubes de 5 cm
(Compter 3 cubes par personne)
Quelques couennes pour tapisser le fond de la cocotte
1 bouteille de vin rouge (Corbières)

1ᵉ marinade :   3 carottes en rondelles
Lardons fumés
1 gros oignon en petits carreaux
1 échalote émincée
2 grains d'ail
3 clous de girofle
Epices de marinade serrés dans une compresse nouée
½ verre huile d'olive
2 cuillères à soupe vinaigre de vin
1/3 de la bouteille de vin

2ᵉ marinade :   1 verre à orangeade d'eau chaude
1 tablette bouillon bœuf

La veille, faire mariner au frigo la viande et les lardons. Combiner les
ingrédients pour la 1ᵉ marinade. Ne pas saler, sinon, la viande durcit.

Le lendemain, faire égoutter la viande et les légumes. Faire dorer à l'huile
d'olive et 2 cuillères à soupe de farine en pluie. Laisser cuire un peu, environ
5 minutes, puis ajouter la 2ᵉ marinade. Laisser cuire environ 1¼ heure en
cocotte-minute ou 2½ heures en cocotte normale. Vingt minutes avant la fin
de cuisson on peut ajouter des pommes de terre en grosses quantités. Se sert
également avec macaroni ou riz long de Camargue. Enlever les épices en
sachet pour le service.

Candied Nuts
(Pralines ou Chouchous)

Ingredients: 1 cup of peanuts or almonds (with skin)
2 cups sugar
About 6 tablespoons water

Combine all the ingredients in a frying pan and cook over medium high heat. The sugar will liquefy, then return to powder after about 10 minutes, and finally return to caramel. Stir well with a spatula so that all the nuts become caramelized, shaking the pan energetically for about 10 minutes.

Pour the nuts onto a sheet of waxed paper, separating them well. Let cool before tasting.

Keep the nuts in a metal box lined in waxed paper, and eat them in one week.

Pralines ou Chouchous

Ingrédients :   2 verres de cacahuètes ou amandes avec la peau
2 verres moins un doigt de sucre
1 verre moins un doigt d'eau

Combiner tous les ingrédients et cuire au wok à feu vif. Le sucre, après avoir été liquide repasse en poudre après environ 10 minutes, puis se retransforme en caramel. Bien remuer à la spatule pour que toutes les noix soient caramélisées, agitant vivement pendant environ 10 minutes.

Verser en séparant bien sur un papier sulfurisé. Laisser refroidir avant de goûter. Garder ensuite dans une boîte métallique garni de papier sulfurisé. Consommer dans la semaine.

Cantonese Rice
(Riz Cantonais)

Ingredients: Thai rice
       1 large onion, minced
       1 tablespoon sugar
       1 egg and one yolk
       1 tablespoon milk
       Diced ham or shrimp
       Frozen mixed vegetables (peas, carrots, green beans)
       Butter

Cook the rice in salted water, then rinse to remove the starch.

Brown the onion in a bit of butter. When it is translucent and soft, add the sugar and caramelize the onion.

Make an omelet with the eggs and the milk and cut it into small strips.

Steam the frozen vegetables.

Mix everything together in a baking dish with a few dabs of butter. Heat in a warm oven, but don't dry out the rice.

Riz Cantonais

Ingrédients :   Riz thaï
1 gros oignon
1 cuillère à soupe de sucre
1 œuf et 1 jaune
1 cuillère à soupe de lait
Dés de jambon ou des crevettes
Légumes surgelés (petits pois, carottes, haricots vert)
Du beurre

Faire cuire le riz à l'eau, puis le laver pour entraîner l'amidon.

Faire revenir l'oignon émincé à la poêle. Quand il est cuit ajouter le sucre et faire caraméliser l'oignon.

Faire une omelette avec les œufs et le lait et le couper en lamelles.

Faire cuire les légumes à la vapeur.

Mélanger le tout dans un plat à four avec quelques noisettes de beurre. Réchauffer à four doux, mais ne pas sécher le riz.

Caramelized Apple Tart
(Tarte Tatin)

Ingredients :   ½ cup sugar
2 tablespoons salted butter
8 apples (Braeburn or Belle de Boskof best)
1 flaky pie crust
Cream
Vanilla

Melt the sugar in a saucepan and allow it to brown over low heat, watching closely. Stir in the butter when it reaches a good caramel color. Pour this hot caramel onto parchment or wax paper and let it cool. When it is cool and solid, break it into a 9-inch Teflon tart or pie pan.

Peel, core, and quarter the apples, then cut each quarter in half. Arrange them in the caramel.

Bake for 20-25 minutes at 400°F. Cover the apples with the crust and bake for another fifteen minutes, then lower the heat to 375°F and cook another 10 minutes or until the crust looks done.

Turn out the tart onto a non-stick plate. Allow to cool and dry apple-side up. If there is too much juice, bake for another few minutes.

Serve warm with whipped cream flavored with vanilla.

Tarte Tatin

Ingrédients :   100 g sucre
30 g beurre salé
8 pommes
(Braeburn ou Belle de Boskof mieux)
Pâte feuilletée achetée
(Monoprix Gourmet)
De la crème
De la vanille

Faire fondre le sucre dans une casserole et laisser blondir. Quand il est assez brun, ajouter le beurre en remuant. Verser ce caramel chaud sur du papier sulfurisé et laisser refroidir. Quand il est froid, le casser dans une moule Tefal de 20 cm.

Peler et couper les pommes en 4 quartiers coupés en deux. Les poser dans le caramel.

Cuire à four thermostat 6 (200°C) 20-25 minutes. Couvrir avec la pâte et remettre au four. Laisser un quart d'heure, puis baisser le feu et cuire encore 10 minutes en surveillant.

Retourner la tarte sur un plat inox. Laisser sécher côté pommes. Si il y a trop de jus, remettre au four.

Servir tiédi avec de la crème fouettée vanillée peu sucrée.

Caramelized Fennel
(Fenouil caramélisé)

Ingredients :   Bulbs of fennel (as side dish, 1 bulb per 2 people)
Olive oil

Wash the fennel and remove any leaves, then cut into thin slices.

Boil the slices and drain them when just tender. Caramelize them in olive oil in a frying pan.

Fenouil caramélisé

Ingrédients :   Fenouil
De l'huile d'olive

Laver le fenouil et le couper en tranches assez fines.

Faire bouillir les tranches. Les égoutter quand ils sont cuits (tendres), puis faire caraméliser dans un fond d'huile d'olive à la poêle.

Carcassonne Almond Cookies
(Croquets de Carcassonne)

Ingredients: 1 cup flour
½ cup sugar
½ cup whole almonds
5 tablespoons butter
3 small eggs
Grated zest from 1 lemon

Put the flour on the work surface or in a large bowl and make a well. Put the sugar, eggs, and lemon zest in the well, and mix them without touching the flour.

Add the butter and then the almonds, then incorporate the flour by hand.

With a large knife, knead the dough until it is uniform, then divide into two balls and flatten each slightly.

In a frying pan over medium heat, fry each ball of dough until golden. Remove from heat, and cut the balls into ½ inch slices while still warm. Increase the heat and fry each slice for a few minutes on each side until golden.

Croquets de Carcassonne

Ingrédients :   250 g farine
100 g sucre
125 g amandes entières
80 g beurre
3 petits œufs
Le zeste râpé d'un citron

Mettre la farine sur la table (ou bien dans un grand saladier) et y faire un puits.

Mettre dans le puits le sucre, les œufs, et le zeste de citron.

Mélanger ces derniers sans toucher à la farine. Ajouter le beurre et puis les amandes, puis en dernier lieu la farine, en travaillant à la main.

Avec un grand couteau, cisailler la pâte dans plusieurs lieux pour diviser les amandes. La pétrir en pâte homogène.

Diviser la pâte en deux boudins et aplatir un peu chaque gâteau.

Dorer puis cuire chaque gâteau au four à feu moyen puis chaud. Quand les gâteaux sont dorés et pendant qu'ils restent chauds, découper-les en tranches d'un centimètre et faire dorer quelques minutes au four sur chaque face.

Catalan Omelet
(Omelette Catalane)
For 4

Ingredients: 2 onions
Slices of chorizo or other spicy sausage
1 tomato
5 eggs
Oil for cooking

Brown the onions with the sausage. When the onions are almost soft, add the tomato in thin slices.

When this mixture is ready, take it off the heat and mix it into the beaten eggs. Heat a little oil in a clean pan and pour the egg mixture into it. Cook until the eggs are firm all the way through. Flip to brown the top when the omelet is almost done.

Omelette Catalane
pour environ 4 personnes

Ingrédients :   2 oignons
Des tranches de saucisses sèches
ou chorizo
1 tomate
5 œufs
Huile pour la cuisson

D'abord, préparer la garniture : faire revenir à la poêle les oignons émincés, les tranches de saucisses sèches ou chorizo. Quand ce mélange est presque cuit, ajouter la tomate découpée en lamelles en dernier.

Quand la garniture est prête, battre les œufs. Verser la garniture dans les œufs et vider le tout dans une poêle chaude avec un fond d'huile. Laisser cuire en surveillant.

Cat's Tongue Cookies
(Langues de chat)

Ingredients: 3 egg whites
10 tablespoons butter at room temperature
10 tablespoons powdered sugar
1 heaping cup flour
Several drops of vanilla
Powdered and slivered almonds
or
Raisins soaked overnight in rum

Cream the butter. Add the sugar and the vanilla, then the egg whites one at a time. Add the almonds or raisins, mixing thoroughly after each addition. Sift in the flour and mix in, working the dough as little as possible.

Cover a cookie sheet in parchment paper. Space cookies evenly. Bake at 400°F for 10 minutes, watching closely to make sure they don't burn.

These keep well in a tin box lined in paper.

Langues de Chat

Ingrédients :   3 blancs d'œuf
150 g de beurre à température ambiante
150 g de sucre glace
165 g de farine
Une grosse pincée de sucre vanillé
De la poudre d'amandes et des amandes effilées
ou
Des raisins secs trempés dans
du rhum la veille

Battre le beurre en pommade. Ajouter le sucre et le sucre vanillé, puis les blancs d'œuf un par un. Arriver à une pâte homogène après chaque addition. Ajouter la farine tamisée en pluie, puis mélanger sans trop travailler la pâte.

Mettre du papier sulfurisé sur une plaque à four. Faire cuire à th. 6/200°C pendant 10 minutes en surveillant.

A garder dans une boite à fer avec du papier protecteur.

Chestnut Log
(Bûche marron)

Ingredients :   1 can chestnut cream
7 oz baking chocolate
2 tablespoons milk
5 tablespoons softened butter

Melt the chocolate in the milk in a double boiler. Pour it over the chestnut cream and mix, then mix in the butter.

Butter a loaf pan and line it with buttered parchment paper. Sprinkle with cocoa powder or grated chocolate. Fill with the cream mixture and tap it down firmly.

Cover and refrigerate 12 hours. Turn out onto a serving platter and use a fork to make bark-like patterns in the top and sides. Serve with whipped cream or *crème anglaise.*

Bûche marron

Ingrédients :   1 boîte crème de marrons (Faugier)
5 barres chocolat Nestlé Dessert (plaque de 200 g)
2 cuillères à soupe de lait
75 g beurre

Faire fondre le chocolat dans le lait. Verser sur la crème de marrons et incorporer le beurre en pommade.

Beurrer une moule (genre moule à cake) et couvrir avec du papier sulfurisé, puis beurrer le papier. Saupoudrer de chocolat râpé à l'économie. Y verser la pâte et la tasser.

Mettre au frigo et laisser reposer pendant 12 heures. Ensuite sortir du frigo et démouler. Pour décorer, griffer avec une fourchette pour rappeler la texture du bois. Servir avec chantilly ou crème anglaise.

Chocolate Cake
(Gâteau chocolat)

Ingredients: 5 oz chocolate
½ cup butter
5 eggs
¾ cup sugar
2/3 cup flour
2 teaspoons baking powder
1 teaspoon vanilla extract
Cocoa powder
1 lb chestnut cream or
chestnut preserves (optional)

Melt the chocolate in a double boiler. Remove from heat, then add the butter and 1 teaspoon water. Stir until smooth. Let cool.

Beat the egg yolks with the sugar and vanilla extract. Mix the egg yolks with the melted chocolate, then add the flour little by little and the baking powder. Beat the egg whites until they hold stiff peaks and fold them in.

Butter and dust with cocoa powder an oval cake pan. Bake for about 40 minutes at 400°F.

When the cake is done, cut it in half lengthwise and spread the center with the chestnut cream or preserves.

Gâteau chocolat

Ingrédients :   5 œufs
1 paquet levure chimique
125 g beurre
150 g sucre
150 g farine
150 g chocolat
1 paquet sucre vanillé
Du cacao en poudre
500 g de crème ou confiture de marrons

Faire fondre le chocolat au bain marie. Pour lisser le chocolat, ajouter le beurre et 1 cuillère à café d'eau hors feu et laisser refroidir.

Battre les jaunes des œufs avec le sucre et le sucre vanillé. Mélanger les jaunes d'œufs avec le chocolat, puis ajouter peu à peu la farine et la levure. Ensuite battre les blancs d'œuf en neige ferme et les ajouter en soulevant.

Cuire 40 min à th.6/200°C dans un plat ovale pyrex beurré et chemisé en cacao en poudre.

Couper le gâteau en 2 et le garnir de la crème de marrons.

Chocolate Mousse
(Mousse au chocolat)

Ingredients: 7 oz baking chocolate
                      6 medium eggs, separated
                      2 tablespoons butter
                      A scant ½ cup sugar
                      3 tablespoons of rum

Melt the chocolate with two tablespoons of water and the butter. Remove from the heat when the mixture is melted and smooth.

Beat the egg yolks and the sugar (as soon as you separate the eggs, or the yolks will toughen). Combine the yolks and the melted chocolate and cool thoroughly. Whip the egg whites until stiff and fold a little of the whites into the chocolate mixture, then carefully fold the chocolate mixture into the whites.

Refrigerate for several hours. Serve decorated with violets, nuts, candied orange peel or grated chocolate. May also be served with fresh fruit.

Mousse au chocolat

Ingrédients :   200 g chocolat (Nestlé Dessert)
                    6 œufs moyen
                    25 g beurre
                    100 g sucre
                    3 bouchons de rhum
                    (St. James ambré)

Faire fondre le chocolat au bain-marie avec 2 cuillères à soupe d'eau et le beurre. Sortir du feu quand la pâte est lisse.

Battre les jaunes d'œuf et le sucre (les battre immédiatement sinon les jaunes durcissent). Combiner les jaunes d'œuf et le chocolat fondu. Quand ce mélange est tout à fait refroidi, battre les blancs en neige ferme et les incorporer en soulevant.

Goûter pour vérifier la quantité du sucre, puis mettre au frigo pendant quelques heures.

Au moment de servir, on peut décorer la mousse avec des violettes, noix, vermicelles de chocolat, ou des écorces d'orange confite.

Prévoir une assiette de quartiers d'agrumes et kiwi ou quelques fraises. Prévoir également une assiette de biscuits secs.

Chocolate-Raspberry Log Cake
(Bûche Chocolat-Framboise)

Ingredients :
(Cake)   (*Frosting*)
3 eggs   11 oz chocolate
Heaping ¼ cup flour   20 tbsp butter
Heaping ¼ cup starch   1 cup milk
Heaping ¼ cup cocoa   1/3 cup sugar
3 tbsp melted butter   ¼ cup water
Scant ½ cup sugar   ¼ cup raspberry liqueur

Preheat the oven to 400°F.

Beat the yolks, ¼ cup sugar, the flour and cornmeal, the cocoa and the melted butter until the mixture is light and frothy.

In a separate bowl, whip the whites with the other ¼ cup of sugar until stiff.

Fold the mixtures together carefully. Butter a square or rectangular baking pan and line the bottom and the sides with buttered parchment paper. Pour the batter into the pan and bake for about 10 minutes.

As soon as the cake comes out of the oven, roll it carefully around itself. While it cools, make the frosting. Melt the chocolate in a double boiler with the butter, then remove it from the heat and add the milk, sugar, water and liqueur. Let cool, stirring occasionally.

When the cake reaches room temperature, unroll it enough to spread the inside with the frosting. Re-roll it and cover the outside with the frosting.

Bûche Chocolat-Framboise

Ingrédients :

Biscuit :	*Fourrage* :
3 œufs	320 g chocolat
20 g farine	300 g beurre
20 g maïzena	22 cl lait
20 g cacao	80 g sucre
45 g beurre fondu	80 ml eau
100 g sucre	60 ml eau de vie
	ou liqueur framboise

Préchauffer le four à th. 7/210°C.

Dans une terrine, battre les blancs en neige avec 50 g sucre.

Dans une autre terrine, mélanger les jaunes d'œuf, le reste du sucre, la farine, cacao, et beurre fondu. Mélanger jusqu'à ce soit mousseux et blanchi.

Faire cuire le gâteau au four 8 à 10 minutes.

Sortir du four, puis démouler le gâteau et le rouler. Laisser-le refroidir. Pendant qu'il refroidisse, combiner le fourrage. Faire fondre le chocolat au bain-marie avec le beurre, puis ajouter le lait, l'eau, le sucre et la liqueur hors le feu. Mélanger bien et laisser refroidir.

Quand le gâteau est à température ambiante, dérouler-le et garnir avec la crème, puis rouler encore une fois.

Christmas Cookies
(Biscuits de Noël)

Ingredients :   3 scant cups flour
2 ½ cups sugar
1 cup butter
A pinch of cinnamon
1 cup powdered almonds
Skin of one orange, chopped
Zest of half a lemon
2 egg yolks

Preheat the oven to 400°F.

Put the flour in a bowl and make a well. Cut in the butter and add the other ingredients (but not the yolks). Knead for a long time, then rest overnight (12 hours) at room temperature. The dough will have about the texture of almond paste.

Refrigerate the dough, and then cut slices as thick as the cookies desired. Cut the cookies out of these slices with a cookie cutter and place them close together on a buttered cookie sheet. Brush the tops with the egg yolks.

Bake for about 15 minutes, turning halfway through to cook both sides.

Biscuits de Noël

Ingrédients :   400 g de farine
250 g de sucre
250 g de beurre
100 g d'écorce d'orange haché
Le zeste d'un demi-citron
2 jaunes d'œuf
1 pincée de cannelle
250 g poudre d'amande

Préchauffer le four à th.6/200°C.

Verser la farine dans un saladier.

Creuser un puits et ajouter le beurre émietté et les autres ingrédients. Pétrir longtemps et laisser reposer pendant 12 heures à température ambiante. La pâte ressemblera à une pâte d'amandes.

Mettre au frigo avant de couper des tranches de l'épaisseur du biscuit voulu. Découper à l'emporte-pièce.

Cuire sur une plaque à four beurré à th. 6. Dorer les biscuits au jaune d'œuf. Retourner-les pour cuire les deux côtés, environ un quart d'heure.

Christmas Log Cake
(Bûche de Noël)

Ingredients :   2 eggs
                     1/3 cup sugar
                     1/3 cup flour
                     ¼ cup corn starch
                     1 ½ teaspoons baking powder
                     Several drops vanilla

Garniture: 1 lb chestnut cream
                     75 g softened butter
                     60 g melted chocolate
                     25 g confectioner's sugar

Beat the eggs with the sugar until the mixture gets light and its consistency changes. Sift in the flour and the baking powder and fold together.

Butter a square or rectangular baking pan and line the bottom and the sides with buttered parchment paper. Pour the batter into the pan and bake at 375°F for about 20 minutes.

As soon as the cake comes out of the oven, roll it carefully around itself. While it cools, combine the chestnut cream, the butter, the melted chocolate, and the confectioner's sugar. When the cake reaches room temperature, unroll it enough to spread the inside with the frosting. Re-roll it and cover the outside with the frosting.

Decorate the cake to look like a log in winter: use a fork to trace bark patterns in the icing, sprinkle it with confectioner's sugar to make snow, make meringue mushrooms, etc.

Bûche de Noël

Ingrédients :   2 œufs
80 g sucre en poudre
40 g farine
40 g maïzena
½ sachet de levure
Quelques gouttes de vanille

Garniture :   500 g crème de marrons
75 g beurre mou
60 g chocolat fondu
25 g sucre glace

Battre longtemps les œufs avec le sucre jusqu'à ce que le mélange blanchisse et change de consistance. Ajouter la farine et levure en pluie et mélanger.

Verser dans une moule beurrée avec du papier sulfurisé beurré et cuire doucement au four th. 5/190°C environ 20 minutes.

Sortir du four, puis démouler le gâteau et le rouler. Laisser-le refroidir. Pendant qu'il refroidisse, combiner la crème de marrons ; beurre, chocolat fondu, et sucre glace.

Quand le gâteau est à température ambiante, dérouler-le et garnir avec la crème, puis rouler encore une fois.

Cod with Savoy Cabbage
(Morue avec Choux de Milan)

Ingredients: Frozen cod
Corn starch
Butter and oil
1 head of Savoy cabbage

Flour the cod with the cornstarch and cook over medium-high heat in oil and melted butter. Watch closely, because this will stick to the pan easily.

Slice up the cabbage, removing the stalk and the large ribs. Steam it, then sauté it briefly in the pan with the fish.

Morue avec Choux de Milan

Ingrédients :   De la morue surgelée
De la maïzena
Beurre et huile
Un chou

Fariner la morue à la maïzena et cuire les deux cotés à poêle chaude dans de l'huile et du beurre fondu. Surveiller bien car ça colle facilement.

Emincer le chou en enlevant le trognon et les grosses côtes. Cuire à la vapeur, puis passer dans la poêle avec le poisson.

Cod with Tomatoes
(Morue à la tomate)

Ingredients: Cod filets
1 onion, diced
A few cloves of garlic, minced or pressed
A few fresh tomatoes, quartered
White wine
Capers
Gherkin pickles, diced
Parsley

Slice the cod, dredge in flour and brown in olive oil.

Remove the fish from the pan and brown the onion and the garlic. Add the quartered tomatoes and cook until they begin to soften. Deglaze with white wine and then add the capers and the pickles.

Serve sprinkled with parsley.

Ideas: Serve with garlic croutons. Replace the capers and pickles with Greek olives.

Morue à la tomate

Ingrédients :   Cabillaud (filets de morue fraîche)
                        1 oignon
                        Quelques gousses d'ail
                        Quelques tomates fraîches
                        Du vin blanc
                        Câpres
                        Cornichons
                        Persillade

Fariner les tranches de cabillaud et les faire dorer.

Oter le poisson. Dans la même poêle, faire dorer l'oignon et l'ail, puis ajouter les tomates en quartiers. Déglacer au vin blanc et ajouter les câpres et les cornichons en dés. Saupoudrer de persillade avant de servir.

Idées : Peut se servir avec croûtons de pain aillé frit.
On peut remplacer les câpres et cornichons par des olives noirs à la grecque.

Crab Soufflé
(Soufflé au Crabe)

Ingredients: 2/3 cup lobster bisque
2/3 cup heavy cream
3 ½ oz. crab meat
4 eggs, separated, plus 2 whites
2 tablespoons butter
Scant ¼ cup flour
Nutmeg, tarragon, salt and pepper
1 tablespoon cognac

Preheat the oven to 400°F.

Dice the crab. Whisk together the bisque and the cream.

Melt the butter in a saucepan. Whisk in the flour, add the bisque, the cognac, and three of the yolks. Add salt, pepper and nutmeg to taste. Mix well, bring to a boil for several seconds and allow to cool.

Add the last yolk and the tarragon to the cold bisque. At the last moment, whip the 6 egg whites until stiff and add a little at a time, very carefully, to the bisque. Pour half of this mixture into a thoroughly buttered and floured soufflé dish. Distribute the crab evenly and then add the rest of the soufflé mixture.

Bake 20-25 minutes and serve *immediately.*

Soufflé au Crabe

Ingrédients : 150 g bisque homard
15 cl de crème liquide
100 g de chair de crabe
4 œufs entiers et 2 blancs
30 g de beurre
30 g de farine
De la muscade, de l'estragon, du sel et du poivre
Une cuillère à soupe de cognac

Préchauffer le four à th.6/200°C.

Couper le crabe en petits dés. Mélanger la bisque et la crème en fouettant.

Dans une casserole, faire fondre le beurre. Ajouter la farine en fouettant et quand c'est homogène ajouter le mélange bisque, le cognac, et 3 jaunes d'œuf. Saler et poivrer et ajouter de la muscade. Bien mélanger, puis bouillir quelques secondes et laisser refroidir.

Ajouter le dernier jaune d'œuf et l'estragon à la bisque froide, puis monter les 6 blancs en neige et les ajouter peu à peu, très soigneusement.

Verser la moitié de la préparation dans un moule bien beurré et fariné. Repartir les dés de crabe et ajouter le reste de la préparation.

Cuire 20 à 25 minutes et servir immédiatement.

Cream of Zucchini Soup
(Velouté de courgettes)

Ingredients: 1 medium zucchini per person
2 cups chicken or vegetable stock
2 individual « Laughing Cow » cheeses

Peel the zucchini, but keep the skin for a pretty green color. Cut the flesh into chunks and cook about half an hour in the stock. When the zucchini is cooked, add the cheese.

Blend the soup until very smooth and season to taste.

Similar soups can be made with squash or mushrooms. Sauté mushrooms before adding them to the stock. Try adding boiled, quartered chestnuts to the squash soup.

Velouté de courgettes

Ingrédients :   1 belle courgette par personne
                       1 tablette de bouillon volaille
                       2 « Vache qui rit » individuelles

Peler les courgettes en gardant la peau pour avoir une couleur verte jolie. Les détailler en gros carreaux. Faire cuire environ une demi-heure dans le bouillon (utiliser une tablette par demi-litre d'eau).

Quand les courgettes sont cuites, ajouter les « vache qui rit ». Mixer et rectifier l'assaisonnement.

Ce velouté peut se faire avec de la courge ou des champignons. Si champignons, les passer à la poêle au beurre d'abord, puis ajouter le bouillon.

Crème anglaise

Ingredients :   2 cups milk
Scant ¼ cup sugar
A few drops of vanilla extract
4 egg yolks

In a saucepan over medium heat, combine the milk, sugar, and vanilla extract.

When the mixture boils, beat the egg yolks with a spoon in a large bowl, then add the milk to the eggs.

Let thicken in a double boiler, stirring constantly.

Crème anglaise

Ingrédients :   50 cl lait
                     50 g sucre
                     Quelques gouttes de vanille
                     4 jaunes d'œuf

Faire bouiller le lait sucré et vanillé.

Dans une terrine, battre les jaunes d'œuf à la cuillère, puis ajouter le lait chaud.

Faire épaissir au bain-marie en remuant constamment.

Crêpe Batter
(Pâte à crêpes minute)

Ingredients: 3 eggs
2 ½ cups milk
3 tablespoons butter, melted
1¾ cups flour
1 pinch of salt
2 scant tablespoons sugar
1 teaspoon vanilla extract
1 tablespoon rum

Beat the eggs and the butter with the milk. Sift the flour, salt and sugar into a bowl. Make a well and add the wet mixture. Mix until there are no more lumps, then add the vanilla and the rum.

Oil a small, flat-bottomed, shallow-sided, heavy frying pan with a paper towel soaked in vegetable oil. Have it warm, over medium heat, before cooking the crêpes. Ladle in enough batter to just coat the bottom of the pan; hold the pan at an angle, pour the batter in at the top, and immediately move the pan so the batter distributes evenly. This takes a little practice – do not despair. Cook until the bottom is golden brown, then turn with a spatula (extra "French chef" points if you can toss them) and cook until brown and lacy. Serve immediately or stack on a plate covered with a napkin or a paper towel. If you must reheat them, put them back into the frying pan one at a time for a few seconds on each side.

Serve with any combination of sweet fillings imaginable. Omit the sugar, vanilla and rum to make crêpes for savory fillings.

Pâte à crêpes minute

Utilisable immédiatement sans temps de repos

Ingrédients :   50 g beurre fondu
3 œufs
60 cl lait
250 g farine
1 pincée sel
1 cuillère à soupe sucre
1 sachet de sucre vanillé
1 cuillère à soupe de rhum

Battre ensemble le lait, le beurre, et les œufs. Tamiser la farine, le sel, et le sucre dans une terrine. Creuser un puits dans la farine et ajouter les autres ingrédients. Mélanger jusqu'à ce que la pâte soit homogène. Huiler une poêle avec une compresse et faire cuire les crêpes.

Crêpes Suzette

Ingredients: *(for batter, about 10 small crêpes)*
Heaping ¾ cup flour
2 eggs
1 cup buttermilk
1 cup 2% milk
2 tablespoons melted butter
A little beer
A pinch of salt

(for sauce)
½ cup butter
1 teaspoon sugar
Lemon or orange zest
4 tablespoons rum
1 tablespoon Grand Marnier
The juice from half an orange

First prepare the crêpes: beat the eggs, butter, milks and beer together. Sift the flour and salt into a bowl, make a well, and add the liquid ingredients. Whisk or mix until there are no more lumps and refrigerate for an hour or longer. Whisk again, then make the crêpes and fold them in quarters. (See recipe for Crêpes.)

Next, make the sauce: heat the sugar in a deep frying pan over medium heat, adding the butter and the zest when the sugar is melted and golden brown. Add half of the rum, half of the Grand Marnier, and light the sauce with a match. Add the orange juice as the flames die down.

Last, prepare the crêpes to be served: place the folded crêpes in the boiling sauce, turn them over, add the rest of the rum and Grand Marnier, and light the sauce again. Serve on warm plates when the flames have died down.

Crêpes Suzette

Ingrédients :   *(pour la pâte à crêpes – environ 10 petites crêpes)*
125 g farine
2 œufs
25 cl lait fermenté
25 cl lait demi-écrémé
2 cuillères à soupe de beurre fondu
Un peu de bière
1 pincée sel

(pour la sauce)
Du beurre
Du sucre
Du zeste de citron ou orange
2 cuillères à soupe rhum
1 cuillère à soupe Grand Marnier
Le jus d'un demi-orange

D'abord, préparer la pâte à crêpes : creuser un puits dans la farine et ajouter les autres ingrédients. Mélanger, puis laisser reposer pendant une heure. Faire cuire les crêpes dans un poêle bien huilée avec une compresse.

Ensuite, préparer la sauce : faire un caramel avec le beurre, sucre, et zeste. Ajouter le rhum et le Grand Marnier. Quand le mélange est chaud, flamber-le. Puis ajouter le jus d'orange et laisser cuire 5 minutes.

Servir chaud.

Croque-Monsieur

Ingredients :   2 slices sandwich bread
Crème fraîche or mayonnaise
Sliced ham
Slices of Swiss cheese

Spread the insides of both slices of bread with the *crème fraîche* or the mayonnaise. Place a slice of ham and a slice of cheese between them and lightly butter the outsides of the sandwich. Toast in the oven until the cheese melts and serve immediately.

The sandwich bread can be replaced with a croissant sliced in half, or the ham replaced with smoked salmon.

Croque-Monsieur

Ingrédients :   Pain de mie
                    Crème fraîche épaisse
                    Jambon cuit
                    Tranches de fromage

Tartiner les intérieurs des deux tranches de pain avec de la crème. Intercaler une pièce de jambon et une tranche de fromage et tartiner l'extérieur de la sandwiche avec un peu de beurre. Cuire au toaster ou au four en surveillant. Servir de suite.

Peut se faire sur un croissant au lieu du pain de mie, ou avec du saumon fumé au lieu du jambon.

Dans le cas du saumon : mettre le poisson entre les tartines et le fromage sur la tartine. Dorer au four.

Cuttlefish in « Christmas Sauce »
(Seiche « sauce de Noël »)

Ingredients :   3 cuttlefish of equal size
1 small can tomato concentrates
1 small can or box tomato purée
½ cup white wine
2 tablespoons cognac
6 cloves of garlic
4 tablespoon olive oil
Salt, pepper, and hot pepper

Have the cuttlefish cleaned when you buy them. Cut them into quarters and sauté them with olive oil. When they begin to give off liquid, add the garlic, minced or put through a garlic press, and the rest of the ingredients. Season with salt, pepper, and hot pepper to taste.

Allow to cook about half an hour. Serve with rice or steamed potatoes.

Seiche « sauce de Noël »

Ingrédients :   3 encornets de même taille
                    1 briquette de coulis de tomate
                    1 petite boîte de concentré de tomates
                    1 verre de vin blanc
                    2 cuillères à soupe de cognac
                    1 gousse d'ail
                    4 cuillères à soupe d'huile d'olive
                    Sel, poivre, et piment

Faire nettoyer les encornets par le poissonnier et couper-les en quartiers réguliers. Faire revenir les quartiers dans une sauteuse avec l'huile d'olive. Quand les quartiers rendent du jus, ajouter 6 grains d'ail sans le germe écrasés à presse ail, le vin blanc, le cognac, et les tomates.

Laisser cuire 30 minutes environ avec le sel, poivre, et piment.

Servir avec du riz ou des pommes de terre cuites à la vapeur.

Deviled Eggs
(Œufs Mimosa)

Ingredients: 1 egg per person + 1 egg for garnish
Mustard
Mayonnaise
Parsley
Black olives, small shrimp, or
slices of peeled grapefruit

Hard-boil the eggs. Peel them and cut all but one in half lengthwise. Remove the yolks and mix them with mustard and mayonnaise to taste. Fill the whites with this mixture.

Puree the remaining egg with some parsley and garnish the serving plate with it. Arrange the eggs on this plate and decorate with the olives, shrimp, and/or grapefruit.

Œufs Mimosa

Ingrédients :   1 œuf par personne
+ 1 œuf pour garniture
Moutarde
Mayonnaise
Persil
Olives noires, petites crevettes, ou tranches de
pamplemousse pelé

Faire durcir les œufs. Ecaler-les et les couper en deux, sauf un. Mélanger les jaunes avec de la moutarde et mayonnaise. Regarnir les blancs.

Poser les œufs sur un plat et mouliner sur le plat l'œuf gardé avec du persil. Puis décorer avec les olives, crevettes, ou pamplemousse.

Escargots (Snails)

Escargots de mer/Sea Snails: Soak for ½ hour in salted water, then brush and rinse. Place the escargots in a pot and season with thyme, pepper, and bay. Cook for about 8 minutes if they are small, 10 minutes if they are large. Drain and serve with rice and mayonnaise.

Escargots de terre surgelés/Frozen Earth Snails: Heat in the oven with parsley and butter until the butter sizzles and turns brown.

Escargots

Escargots de mer : Faire dégorger rapidement ½ heure dans d'eau salée. Brosser et rincer. Mettre en cocotte à froid avec thym, laurier, et poivre. Compter 8 minutes si les escargots sont petits, 10 minutes s'ils sont gros. Ensuite égoutter et servir avec riz et mayonnaise.

Escargots de terre surgelés : Faire chauffer au four avec beurre persillé jusqu'à ce que le beurre grésille et roussisse.

Flan

Ingredients: 2 cups whole milk
½ vanilla bean
3 whole eggs and 1 yolk
A heaping ¾ cup sugar

Boil the milk and the vanilla bean, cut in half and with the seeds scraped out. Let infuse for 5 minutes.

In a tart pan in the oven, caramelize half the sugar, a tablespoon of water, and a few drops of lemon juice.

In a bowl, beat the eggs and the rest of the sugar. Add the warm milk, stirring constantly, then pour the mixture into the caramelized tart pan.

Place the tart pan in the oven in a larger pan filled with water (this will help it cook evenly).

Cook at 400°F. The flan is done when it resists when poked. Serve cold.

Flan

Ingrédients : 50 cl lait entier
1 demi-bâton de vanille
3 œufs entiers et 1 jaune
135 g sucre

Faire bouillir le lait et le bâton de vanille coupée en deux et raclée. Laisser infuser 5 minutes.

Dans un moule, faire un caramel avec 60 g sucre, 1 cuillère à soupe d'eau, et quelques gouttes de jus de citron.

Dans une terrine, battre les œufs et 75 g sucre. Verser en remuant le lait chaud sur les œufs battus et placer l'ensemble dans la moule caramélisée.

Faire cuire au four à th. 6/200°C en plaçant le moule dans un plat plus grand rempli d'eau pour régulariser la cuisson. Le flan est fini quand il résiste à la pression du doigt. Servir froid.

Floating Island or Snowy Eggs
(Île Flottante ou Œufs à la Neige)

Ingredients :   1/3 cup sugar
2 egg whites
3 egg yolks
2 cups milk
Vanilla extract, to taste

Beat the egg whites until they form stiff peaks.

Boil the milk with the vanilla. In the boiling milk, poach the two egg whites. You could also add a few sugar-coated nuts for decoration. Cook the egg whites for 30 seconds on each side, then drain on a plate.

Filter the milk to remove any remaining pieces of egg white, then use it to make a *crème anglaise*. Beat the three egg yolks with half of the sugar and add the milk little by little. Thicken the sauce in a double boiler until it evenly coats a spoon.

Place the egg whites on the *crème anglaise* and keep in the refrigerator until ready to serve.

Just before serving, make caramel with the rest of the sugar and drizzle on top (the caramel doesn't keep in the fridge).

Île Flottante ou Œufs à la Neige

Ingrédients :   100 g sucre
                      2 blancs d'œuf
                      3 jaunes d'œuf
                      50 cl lait
                      Un peu de vanille

Monter les blancs d'œuf en neige ferme.

Faire bouillir le lait avec la vanille. Faire pocher dans le lait bouillant les deux blancs en neige. On peut ajouter quelques pralines pour la décoration. Cuire les blancs 30 secondes de chaque côté puis égoutter sur une assiette.

Filtrer le lait pour enlever les petits bouts de blanc restants, puis en faire une crème anglaise. Battre les trois jaunes d'œuf avec 50 g du sucre et y verser peu à peu le lait. Faire épaissir au bain marie jusqu'à ce que la crème nappe la cuillère.

Mettre les blancs sur la crème au frigo.

Au moment de servir, faire un caramel avec les 50 g du sucre restants. Le caramel ne tient pas au frigo.

French Fries
(Frites)

Ingredients: 2 frying potatoes per person
Frying oil

Cut the potatoes into sticks and dry them with a kitchen cloth. Deep fry the potatoes in oil heated to the point where a bit of bread is immediately surrounded by bubbles.

Cook the fries in two steps. The first can be done in advance – blanch the potatoes in the oil, then remove and drain. They should be fried again just before serving. Remove them from the oil when they're golden and crispy. Grind sea salt over the hot fries at the last moment before serving.

Frites

Ingrédients :   2 pommes de terre spéciales frites
par personne
Huile pour friture

Couper les pommes de terre en bâtonnets et les sécher au torchon. Les mettre dans une friteuse d'huile bouillante (1 petit morceau de pain est tout de suite enlacé de bulles).

La cuisson se passe en deux temps. La première cuisson peut se faire à l'avance. Faire cuire jusqu'à ce que les frites blanchissent, puis les retirer et égoutter.

La deuxième cuisson se fait juste au moment de servir, pour dorer les frites. Les sortir quand bien dorée et saler avec du sel fin et du sel gros mouliné en dernier moment.

French Onion Soup
(Gratinée à l'oignon)

Ingredients: 1 cup thinly sliced onion
1 teaspoon sugar
One beef bouillon cube or
2 cups beef stock
Slices of buttered toast
Grated gruyere cheese

Brown the onions in a deep frying pan. Sprinkle with the sugar and allow to caramelize.

Add the beef stock or the bouillon cube dissolved in 2 cups of hot water. Cook until the onions are tender.

Place the toast in a bowl suitable for the oven. Pour the soup over it and top thickly with the cheese. Bake until the cheese is melted and golden brown.

Gratinée à l'oignon

Ingrédients :   125 g oignons émincés
1 cuillère à café de sucre en poudre
Une tablette de bouillon de bœuf
Des tartines de pain grillées
Du gruyère râpé

Faire dorer les oignons à la poêle et ajouter le sucre. Faire caraméliser.

Ajouter le bouillon délayé dans un demi-litre d'eau. Finir la cuisson des oignons dans le bouillon.

Mettre les tartines de pain dans un bol qui va au four. Couvrir du bouillon et oignons. Napper largement de gruyère et faire gratiner au four.

French Peas
(Petits Pois à la française)

Ingredients: 1 onion, sliced thinly
                  2 carrots, sliced into medallions
                  Peas
                  Heart of lettuce
                  1 tablespoon butter

Brown the onion and the carrots with a little olive oil. When the onion is golden, add the peas. Rinse the lettuce carefully and add it with the peas.

Cook over low heat. Add water if necessary, but the water from the lettuce should suffice. Add the butter just before serving.

Petits Pois à la française

Ingrédients :   Oignon émincé
Carottes en rondelles
Petits pois
Cœur de laitue ou de rougettes de Montpellier
20 g beurre

Faire revenir dans un fond d'huile d'olive l'oignon et les rondelles de carottes. Quand l'oignon est doré, ajouter les petits pois. Rincer la salade soigneusement, puis l'ajouter avec les petits pois.

Laisser cuire à petit feu. Ajouter un demi verre d'eau si nécessaire, mais la salade doit suffire. Ajouter le beurre juste avant de servir.

Fruit Charlotte
(Charlotte aux fruits)

Ingredients :   1 box ladyfingers
(*biscuits à la cuillère*)
Rum or fruit juice
Fruit compote or preserves

Soak the ladyfingers in rum or fruit juice. Cover the bottom and sides of a Teflon baking pan with the ladyfingers, and then spread with the compote or preserves. Alternate the layers of fruit and biscuit up to the top of the pan.

Place a small plate with a weight on top of the pan to weigh down the ladyfingers.

Serve the charlotte the next day with *crème anglaise.*

Charlotte aux fruits

Ingrédients :   1 boîte biscuits à la cuillère
Rhum ou sirop
Compote ou confiture de fruits

Imbiber les biscuits à la cuillère avec du rhum ou sirop et d'eau. Tapisser le fond et les côtés d'un moule Tefal avec les biscuits. Tartiner de compote ou confiture de fruits et alterner jusqu'en haut du moule les couches de biscuit et les couches de fruit.

Poser sur le moule une petite assiette avec un poids pour peser les biscuits.

Servir le lendemain avec crème anglaise.

Frying Pan Apple Cake
(Crépeau aux Pommes)

Ingredients : A heaping ¾ cup flour
2 eggs
½ cup butter
1 cup milk
A little beer
A pinch of salt
3 Reinette apples
Sugar or honey

Peel the apples and cut them into thin slices. Sauté the slices in butter and sugar until the slices are soft and slightly caramelized.

In a bowl, make a well in the flour and break the eggs into it. Add the salt and beer, then thin with the cold milk. Let the batter sit to dissolve any remaining lumps of flour.

In a frying pan, heat some butter, then pour in about half the batter. Spread the apple slices on top and cover them with the rest of the batter. Cook at medium heat. When the bottom is golden, turn over to cook the other side, making sure the interior is cooking well.

Serve the finished cake hot, dusted with sugar and dabs of butter, or coated in honey.

Crépeau aux Pommes

Ingrédients :   200 g farine
2 œufs
125 g beurre
25 cl lait
Un peu de bière
1 pincée sel
3 pommes reinettes
Sucre ou miel

Eplucher les pommes et les couper en tranches fines. Les faire sauter à la poêle au beurre et sucre jusqu'à ce que les pommes soient molles et un peu caramélisées.

Mettre la farine dans une terrine et faire un puits. Y casser les œufs et ajouter le sel avec la bière, puis délayer au lait froid. Laisser reposer.

Mettre du beurre dans la poêle et y verser une louche de pâte. Etendre les pommes dessus et les couvrir avec la pâte. Cuire à feu moyen. Quand le fond est doré, retourner pour cuire l'autre face – doucement, pour que l'intérieur cuise bien.

Servir chaud saupoudré de sucre avec des copeaux de beurre, ou enduit de miel.

Gratin Dauphinois

Ingredients :   2 baking potatoes per person
Nutmeg or onion or garlic and bay
Whole milk
About a cup of grated Swiss cheese
Crème fraîche or sour cream

Wash, peel and cut the potatoes into even slices.

Butter a baking dish. Arrange the potatoes and salt and pepper them. Add either nutmeg, onion in thin slices, or garlic and bay. Just cover the potatoes with milk.

Bake at 400°F just until the potatoes are tender. Mix two tablespoons of *crème fraîche* with the cheese. Stir half of this mixture into the potatoes and cover the top with the rest. Return to the oven and bake until the cheese is melted and golden.

Gratin Dauphinois

Ingrédients :   2 pommes de terre vieilles ou spécial gratin par personne
Muscade ou oignon ou ail et laurier
Du lait entier
100 g fromage râpé
(gruyère, emmental, etc.)
De la crème fraîche

Laver, éplucher, et découper les pommes de terre en tranches régulières.

Beurrer un plat à four. Y ranger les pommes de terre et les saler et poivrer.
Ajouter la muscade ou l'oignon en tranches fines ou avec l'ail et le laurier.
Recouvrir de lait entier.

Laisser cuire à four à th.6 jusqu'à ce que les pommes de terre soient tendres.
Un peu de temps avant de servir, ajouter deux cuillères à soupe de crème
fraîche épaisse et le fromage râpé (50 g mélangés avec les pommes de terre et
50 g sur le dessus pour gratiner).

Individual Coconut Cakes
(Congolais)

Ingredients: 4 egg whites
A pinch of salt
Heaping ¾ cup or 7 oz. sugar
Heaping ¼ cup or
3½ oz. grated coconut

Beat the egg whites with the pinch of salt until they hold soft peaks, then add the sugar and the grated coconut.

Fill paper cupcake cups with the batter ¾ of the way full. Bake for about 20 minutes at 325°F, watching closely to avoid burning them.

Congolais

Ingrédients :   4 blancs d'œufs
                       1 pincée sel
                       200 g sucre en poudre
                       100 g noix de coco râpé

Monter les blancs en neige avec la pincée de sel. Ensuite ajouter le sucre et la noix de coco râpé.

Remplir des caissettes en papier au 2/3. Cuire environ 20 minutes à th. 3/160°C en surveillant.

Island Meringue Cake
(Méli-mélo des Îles)

Ingredients: 1 14-oz can unsweetened
evaporated milk
4 whole eggs and 2 egg whites
Enough flour to make a cake batter
1 18-oz can of pineapple pieces
in syrup
¼ cup grated coconut
¾ cup sugar
2 tablespoons rum

Butter a pan and preheat the oven to 400°F.

In a large bowl, beat the eggs and half of the sugar. Add the sifted flour, then the evaporated milk, then the coconut, and then the rum. Mix well, then pour into the cake pan and put in the oven.

Make a meringue with the 2 egg whites and the rest of the sugar (about 1/3 cup). When the cake is barely cooked through, cover it with meringue and put it back in the oven to bake the meringue.

Méli-mélo des Îles

Ingrédients :   1 boite de 410 g de lait concentré non-sucré
4 œufs
1 boite de 560 g d'ananas en morceaux au sirop ou 1
ananas Victoria
60 g noix de coco râpé
100 g sucre
2 cuillères à soupe de rhum
Assez de farine pour faire la pâte
2 blancs d'œuf
100 g de sucre

Beurrer le moule et préchauffer le four à th.6/200°C.

Dans un saladier, battre les œufs et 100 g de sucre. Ajouter la farine tamisée, puis le lait concentré, puis la noix de coco et enfin le rhum. Bien mélanger le tout, le mettre dans le moule et enfourner.

Couvrir quand c'est à peine cuit par une meringue italienne (les blancs d'œuf et 100 g de sucre) et repasser en four pour que la meringue sèche et dore.

Jam Slippers (or Turnovers)
(Petits chaussons à la confiture)

Ingredients :   Extra pie dough
Jam
An egg yolk
1 tablespoon milk

Roll out the dough and cut out circles with a glass or a round cookie cutter. Put a bit of jam in the middle of each circle, then fold them over and seal the edges with a fork. Make two slashes in the top of each slipper.

Mix the yolk and the milk and glaze the slippers. Bake at 400°F for about half an hour or until the crust is golden and flaky.

Petits chaussons à la confiture

Ingrédients :   Des restes de pâte brisée
De la confiture
Un jaune d'œuf
Une cuillère à soupe de lait

Etaler les restes et découper la pâte avec un emporte-pièce rond. Mettre une noix de confiture dans le centre de chaque cercle, puis les plier pour former un chausson. Faire adhérer les bords avec une fourchette. Inciser les dessus avec deux traits.

Dorer avec le jaune d'œuf mélangé avec le lait. Faire cuire au four, th.6/200°C, en surveillant.

Kings' Cake
(Galette des Rois)

Ingredients :   2 packages pastry crust
2 whole eggs and 1 yolk
A heaping ½ cup sifted flour
½ cup sugar
2 tablespoons melted butter
1¼ cup boiling milk
2/3 cup powdered almonds,
or small pieces of orange peel to taste
Rum

Preheat the oven to 400°F.

Make a *frangipane* by stirring together the eggs, the flour, sugar, butter, and milk. When the mixture is thick, add the almond powder or orange peel and a dash of rum. Let the frangipane cool.

Place the first pastry crust on a cookie sheet covered in parchment paper. Roll out the *frangipane* in a thick layer, especially in the center. Leave a little empty space around the edges to avoid spilling, then place the second pastry crust on top. Bake until crust is golden.

Galette des Rois

Ingrédients :   2 pâtes feuilletées
2 œufs entiers et 1 jaune
90 g de farine tamisée
100 g de sucre
30 g de beurre fondu
300 ml de lait bouillant
Un peu de rhum
100 g de poudre d'amandes
ou
Quelques écorces d'oranges
confits en dés

Préchauffer le four à th.6/200°C.

Faire une frangipane en mélangeant les œufs, la farine, le sucre, le beurre et le lait. Quand le mélange est épais, ajouter la poudre d'amandes ou les dés d'écorce d'orange et un ½ cuillère à café de rhum. Laisser refroidir.

Déposer la première pâte sur du papier sulfurisé sur un plat à four. Etaler la frangipane en couche épaisse surtout au centre. Laisser au bord un peu sans crème pour éviter les débordements, puis ajouter la deuxième pâte dessus.

Lamb Stew
(Sauté d'agneau)

Ingredients: Shank of lamb
1 onion, minced
Parsley
1 bouillon cube
White wine
Tomato pulp
New potatoes

Ask your butcher to cut the pieces of lamb in half when you buy it.

Salt and lightly flour the lamb and brown the pieces. Discard the juices.

Brown the onion in a stove-to-oven baking pan. When it is brown, add the lamb pieces, tomato pulp, wine, and enough water to cover the lamb. Break up the bouillon cube and sprinkle it in. Add the parsley at the last minute.

Cook about 45 minutes, starting at 350°F and lowering the heat after the first 15 minutes or so. Quarter the potatoes and add them with 15 minutes to go.

Sauté d'agneau

Ingrédients :   Collier d'agneau
                  Un oignon
                  De la persillade
                  1 tablette de bouillon
                  Du vin blanc
                  De la chair de tomate
                  Des pommes de terre nouvelles

Prendre au boucher un morceau de collier d'agneau. Faire recouper les tranches en 2 par le boucher.

Faire dorer l'oignon dans une cocotte qui va dans le four.

Faire dorer à part le collier, la chair salée et farinée légèrement. Ne pas récupérer le jus.

Quand tout est doré, dans la cocotte ajouter le vin blanc, la tomate, le collier, et de l'eau à la hauteur pour couvrir les morceaux. Ajouter une tablette de bouillon. Au dernier moment, ajouter de la persillade.

Cuire environ 45 minutes au four, th.4 au début, puis baisser.

Ajouter les pommes de terre en quartiers un quart d'heure avant la fin de la cuisson.

Lemon Chicken
(Poulet au Citron)

Ingredients: 1 chicken breast per person
(for two)   3 untreated lemons
                     1 onion, diced
                     Neutral oil (canola, sunflower, etc.)
                     ¼ cup white wine
                     1 cup chicken stock or bouillon
                     1 tablespoon sour cream

Juice 2 of the lemons and marinate the chicken 1-2 hours in the juice, turning every half hour. Reserve the marinade.

Brown the onion in the oil. Add the chicken and brown both sides. When well browned, add the marinade, the wine, the bouillon and one lemon sliced into rounds (except the ends). Cook the chicken until no longer pink in the middle.

Remove the chicken from the pan. Condition the cream by mixing in a little bit of the sauce before adding the cream to the sauce.

Serve with white rice, couscous, or potatoes.

Poulet au Citron

Ingrédients :   1 blanc de poulet par personne
3 citrons non traités
Un oignon
Huile neutre (arachide ou tournesol)
½ verre de vin blanc
1 verre de bouillon
Une cuillère à soupe crème épaisse

Faire mariner 1 à 2 heures les blancs de poulet dans du jus de citron. Les retourner de temps en temps. Garder la marinade.

Dans une sauteuse, faire revenir l'oignon en petits dés à l'huile. Ajouter les blancs de poulet et faire dorer les deux côtés. Quand c'est bien doré, ajouter la marinade, 1 citron en rondelles (sauf les bouts), le vin blanc, et le bouillon.

Laisser cuire le poulet. Quand la sauce est réduite, mélanger un peu avec la crème avant d'ajouter la crème à la sauce.

Servir avec du riz blanc, du couscous nature, ou des pommes de terre.

Little Ear Cookies
(Oreillettes)

Ingredients:	2.2 lbs. flour (approx. 6 ½ cups)
	2 eggs
	14 tablespoons melted butter
	A scant ½ cup sugar
	Grated lemon zest
	Orange leaf tea
	Oil for frying
	Confectioner's sugar

Break the eggs and beat them with the melted butter. Add the sugar and the lemon zest. Add the flour, alternating with the orange leaf infusion to keep the dough supple. Knead the dough for 15 minutes, then let it rest in a warm place for 4 hours.

Roll the dough very thin and cut it into pieces. Fry in oil that is just boiling – don't let it get too hot. Drain on paper towels and sprinkle with confectioner's sugar.

Oreillettes

Ingrédients :   1 kg farine
2 œufs
200 g beurre fondu
100 g sucre
Zeste de citron râpé
Infusion de feuilles d'oranger
Huile pour friture
Sucre glace

Casser les œufs et les délayer avec le beurre fondu. Ajouter le sucre et le zest de citron. Puis ajouter la farine en délayant avec l'infusion tiède. Travailler la pâte pendant un quart d'heure puis laisser reposer dans un endroit tiède pendant 4 heures.

Etaler la pâte très fine et couper dans morceaux. Faire frire dans l'huile bouillant en évitant de les surchauffer. Egoutter sur du papier absorbant, puis saupoudrer de sucre glace.

Madame Zorina's Eggplant
(Aubergines Bohémiennes)

Ingredients: A medium eggplant
An onion
Sliced tomato
Sea salt
Thyme
Olive oil

Cut the eggplant in half lengthwise and score diagonally on the cut surfaces. Add crystals of sea salt and thyme, fresh if possible.

Place the eggplant halves in an aluminum foil wrap in an oiled Pyrex baking dish. Cover them with finely sliced onion and sliced tomato.

Bake about half an hour at 375°F. Add a little water to deglaze and continue to cook until the eggplant is tender.

Aubergines Bohémiennes

Ingrédients :   Une aubergine moyenne
                Un oignon
                De la tomate émincée
                De l'huile d'olive, du thym et du gros sel

Couper l'aubergine en deux dans le sens de la longueur et l'inciser en diagonale sur la partie coupée. Ajouter quelques cristaux de gros sel et du thym.

Poser les moitiés dans un plat pyrex avec une cuillère à soupe d'huile d'olive au fond, dans une papillote de papier aluminium.

Recouvrir chaque moitié de lamelles fines d'oignon et de la tomate en tranches fines.

Laisser cuire environ une demi-heure. Ajouter un peu d'eau pour déglacer les sauces et prolonger la cuisson en surveillant.

Madeleines

Ingredients: The same weight of flour, sugar
and butter as the egg(s)
Grated lemon zest to taste

Gently beat the eggs, then weigh them. Measure out the same weight of flour, sugar, and butter.

Beat the egg and add the sugar, then the flour. Melt the butter and add it to the dough. Flavor with the lemon zest.

If the dough is too soft, let it chill a bit in the refrigerator before cooking.

Bake in a small Madeleine pan at 375°F, or at 400°F for a regular-sized pan, for about 10 minutes. Stop when the madeleines are cooked but not yet golden.

Madeleines

Pâte de 4/4 :   Même poids œuf, farine, sucre et beurre
Du zeste de citron râpé

Battre les œufs, puis les peser. Mesurer le même poids de farine, de sucre et de beurre.

Battre l'œuf et ajouter le sucre, puis la farine. Faire fondre le beurre et l'ajouter. Parfumer au zeste de citron.

Si la pâte est trop liquide, garder un peu au frigo avant de cuire.

Mettre au four à th.5/190°C pour petits moules ou à th.6/200°C pour des moules normales, environ dix minutes. Stop dès que la pâte est cuit, mais pas dorée.

Microwave Poached Fish
(Poisson poché au micro-onde)

Ingredients :   1 filet of fish
Olive oil
2 tablespoons of white wine
Salt, pepper, spices to taste

Place the filet of fish on a microwave safe plate. Season with a dash of olive oil, the white wine, salt and pepper, and other spices.

Cover the plate with plastic wrap and poke a few holes in the top with the point of a knife. Cook about 3 minutes in the microwave, then let cool for a few minutes before tasting.

Poisson poché au micro-onde

Ingrédients :   1 filet de poisson
Huile d'olive
2 cuillères à soupe de vin blanc
Sel, poivre, épices au choix

Mettre le filet de poisson sur une assiette. Assaisonner avec un filet d'huile d'olive, le vin blanc, et du sel et poivre et les autres épices.

Filmer l'assiette au filme étirable et faire quelques trous à la pointe de couteau. Cuire 3 minutes environ à la micro-onde, puis laisser reposer quelques minutes pour qu'il ne soit pas trop chaud.

Monkfish
(Baudroie en papillote)

Ingredients :   Aluminum foil packets
1 piece of fish per person
Pepper
Butter
Noilly Prat
1 chopped shallot

Pepper each piece of fish and place each in a foil packet with some chopped shallot, a knob of butter, and a little Noilly Pratt.

Fold the packets to seal in the steam and bake for about 10 minutes in a hot oven until the fish is tender.

Baudroie en papillote

Ingrédients :   Des papillotes en papier aluminium
Une part de poisson pour chaque personne
Du poivre 5 baies
Du beurre
De Noilly
Echalote hachée

Précuire les échalotes dans un mélange eau (1 part), Noilly (1 part) et vinaigre de Xeres (quelques gouttes). Laisser réduire presque à sec et répandre sur le poisson.

Fermer les papillotes et faire cuire dix minutes à four chaud. Surveiller la cuisson.

Mussels Marinières
(Moules marinières)

Ingredients: A pound of mussels per person
1 diced onion
A sprig of thyme
½ cup white wine
Olive oil

In a deep saucepan, brown the onion in the olive oil with the thyme. When the onion is translucent, add the wine and the mussels. Cook 5 to 10 minutes or until the mussels are ready.

Serve with French fries.

Moules marinières

Ingrédients :   500 g moules par personne
     1 oignon
     Quelques feuilles de thym
     Huile d'olive
     1 verre de vin blanc

Dans une cocotte, faire revenir l'oignon en petits carreaux dans de l'huile d'olive avec les feuilles de thym. Quand l'oignon est translucide, ajouter le verre de vin blanc et les moules. Laisser cuire 5 à 10 minutes en surveillant.

Nile Perch Curry
(Perche du Nil au Curry)

Ingredients :   1 filet of Nile perch (or similar white fish)
Cornstarch
A few mushrooms
Curry powder, salt, pepper
Two small onions
Two cloves of garlic
Coconut milk
1 small container of plain yogurt

Dredge the filet with cornstarch and some curry powder. Sauté the fish with the thinly sliced mushrooms in butter and oil over high heat, cooking both sides.

For the sauce, sauté the two minced onions and the unpeeled garlic cloves. When golden, add some curry powder to taste and stir well, then add the coconut milk and plain yogurt. Let reduce, then season to taste with salt, pepper, and more curry powder, if necessary.

Perche du Nil au Curry

Ingrédients :   1 filet de perche du Nil
Maïzena
Quelques champignons de Paris
Curry en poudre, sel, poivre
Deux petits oignons
Deux grains d'ail
Lait de coco
1 pot de yaourt nature

Fariner le filet avec la maïzena et du curry. Cuire les deux cotés à feu vif dans du beurre et de l'huile avec les champignons en lamelles.

Pour la sauce, faire revenir les deux oignons émincés et les grains d'ail en chemise. Quand doré, ajouter du curry en poudre et bien remuer, puis ajouter le lait de coco et le pot de yaourt nature. Laisser réduire et rectifier avec du sel, poivre, et curry, si nécessaire.

Orange Salad
(Salade d'oranges)

Ingredients: 3 oranges
1 pink grapefruit
1 banana
1 small can of pineapple slices
A few pieces of candied orange
and lemon peel
½ teaspoon orange flower honey
Orange wine or Grand Marnier
(optional)

Completely peel two oranges and the grapefruit, then section them carefully. Peel and slice the banana. Open the can of pineapple slices and drain them, reserving the syrup. Cut the candied peels into small pieces.

For the sauce, mix the juice of the remaining orange, the honey, and the reserved pineapple syrup. Add the orange wine or Grand Marnier, if desired.

Arrange the fruit slices on a plate and cover them with the sauce.

Salade d'oranges

Ingrédients :   3 oranges
1 pamplemousse rose
Une banane
Une petite boite d'ananas au sirop
Quelques morceaux d'écorces d'orange et de citron confits
1 cuillère à dessert de miel d'oranger
Vin d'orange ou Grand Marnier (facultatif)

Peler les oranges et le pamplemousse à vif et les trancher soigneusement.
Peler et trancher la banane. Ouvrir la boite d'ananas et les égoutter, réservant
le sirop. Couper les écorces en dès.

Pour la sauce, mélanger le jus d'un orange, une cuillère à dessert de miel
d'oranger, et le sirop de l'ananas. On peut aussi ajouter soit du vin d'orange,
soit du Grand Marnier.

Disposer les fruits joliment sur une assiette et recouvrir de la sauce.

Oriental Chickpeas
(Pois-chiches à l'orientale)

Ingredients: Cooked chickpeas
Paprika
Raisins
1 red pepper
Vinaigrette and chives or mint leaves

Soak the raisins in water overnight.

The next day, broil the pepper until the skin blisters. Leave it in a paper or plastic bag for 15 minutes, then peel off the skin and cut the pepper into thin strips.

Toss the chickpeas, the reconstituted raisins, and the pepper with the vinaigrette. Season with the paprika and serve sprinkled with chives or mint.

Pois chiches à l'orientale

Ingrédients :   Pois chiches cuits
Paprika
Quelques raisins secs
1 poivron
Vinaigrette et ciboulette ou
feuilles de menthe

La veille, faire regonfler les raisins secs à l'eau.

Le lendemain, faire griller le poivron au four. Quand la peau est légèrement carbonisée, le sortir du four et le mettre dans un sac plastique pendant environ ¼ heure pour que la peau se détache, puis découper le poivron en lanières.

Mélanger les pois chiches cuits, paprika, raisins regonflés, et lanières de poivron, et vinaigrette.

Oriental Salad
(Salade orientale)

Ingredients: Cold couscous
Raisins, soaked overnight
1 red pepper, diced
1 orange, sectioned, with the membrane removed
1 grapefruit, sectioned, with the membrane removed
Black olives from Nice
1 tablespoon honey
The juice of one lemon

Whisk together the honey and lemon. Combine the couscous with the other ingredients and toss with the honey lemon dressing. Refrigerate several hours and serve cold.

Salade orientale

Ingrédients :   Semoule refroidie (Tipiak)
Raisins secs regonflés à l'eau la veille
1 poivron rouge en petits carreaux
1 orange pelé à vif en tranches
1 pamplemousse pelé à vif en tranches
Olives noires de Nice
1 cuillère à soupe miel
Le jus d'un citron

Combiner les ingrédients, puis faire une sauce avec le miel et le jus de citron.
Servir froid.

Oysters
(Huîtres)

Raw oysters : serve with rye bread and lemon, or red wine vinegar and chopped shallots; sometimes served with grilled sausage.

Cooked oysters : Serve with a teaspoon of *crème fraîche* or sour cream, grated cheese, and ground pepper.

Huîtres

Huîtres crues : servir avec pain de seigle et citron, ou vinaigre et échalotes hachés ; parfois servis avec saucisse grillée.

Huîtres cuites : servir avec 1 cuillère à café crème épaisse, fromage râpé, et poivre moulu.

Poached Trout
(Truite au bleu)

Ingredients: Several trout
Melted butter
1 cup white wine
Scant ¼ cup white vinegar
Leeks
Carrots
Minced onion
Sea salt, pepper and whole coriander grains
A bay leaf

Dice the carrots and slice the leeks into rounds. Put them in a saucepan with water to cover. Add the wine, the vinegar, and the seasoning. Bring to a boil and cook until the vegetables are very tender.

Remove the vegetables and place the fish in the boiling court-bouillon remaining. Bring it back to a boil for 5 minutes, then remove it from the heat. Make sure the fish is cooked through by cutting to the bone.

Serve with melted butter on the side, to be added once the skins have been removed.

Trout is also good prepared in a frying pan with butter and slivered almonds.

Truite au bleu

Ingrédients :   Des truites
Du beurre fondu
Un verre de vin blanc
50 ml de vinaigre blanc
Poireaux
Carottes
Oignons émincés
Du gros sel, du poivre, et des graines de coriandre
Une feuille de laurier

Faire un court bouillon en cuisinant tout sauf le poisson et le beurre jusqu'à ce que les légumes soient cuits.

Mettre les poissons dans le court bouillon bouillant. Laisser reprendre l'ébullition, puis laisser 5 minutes et couper le feu. Vérifier si le poisson est cuit incisant jusqu'à l'arête.

Servir avec du beurre fondu à servir à part à ajouter quand le poisson est décortiqué.

Les truites peuvent aussi être préparées à la poêle avec du beurre et des amandes effilés.

Pork Filet Mignon
(Filet mignon de porc)

Ingredients: Pork tenderloin
1 cup white wine
1 cup water
Several cloves of garlic in their skins
Salt, pepper, thyme
Oil

Oil the filet and place in a deep Pyrex baking dish with the wine, the water, the garlic and the seasoning. Bake at 375°F about half an hour. Turn the tenderloin, adding a little more oil, and brown the other side. Deglaze with hot water.

Serve with boiled chestnuts or endives.

Veal roasts can also be prepared this way.

Filet mignon de porc

Ingrédients :   Filet de porc
1 verre de vin blanc
1 verre d'eau
Quelques grains d'ail en chemise
Sel, poivre, thym
De l'huile

Placer le filet dans un plat creux Pyrex avec le vin blanc, eau, ail, et assaisonnements. Ajouter un filet d'huile sur la viande. Laisser cuire au four th. 5/190°C pendant une demi-heure environ.

A la fin de la demi-heure, retourner la viande et remettre un filet d'huile pour dorer l'autre côté. Déglacer à l'eau chaude pour récupérer les sucs.

Peut se servir avec marrons bouillis ou effeuillés d'endives.

Egalement, les rôtis de veau peuvent être cuits ainsi.

Pork Roast
(Rôti de porc)

Ingredients: Boneless pork roast
Milk
Bay leaves
Garlic cloves
Thinly sliced Canadian bacon
Sliced cheese
Cream

Cook the pork in a pot in milk with the bay leaves and garlic cloves.

When it is cooked, slice the pork without cutting all the way through. In the sliced spaces, alternate bacon and cheese. Brown in the oven with a little cream.

Rôti de porc

Ingrédients :   Rôti de porc
Du lait
Laurier et grain d'ail
Du bacon
Fromage en tranches
De crème

Cuire le porc à la cocotte dans du lait avec laurier et grain d'ail.

Quand il est cuit, couper en tranches en ne coupant pas le rôti jusqu'au fond. Alterner dans les vides tranches de bacon et fromage en tranches.

Faire gratiner au four avec un peu de crème.

Potato Galettes
(Paillassons de pomme de terre)

Ingredients: Potatoes
Eggs
Minced shallot
Salt, pepper, and parsley
Oil for deep frying

Grate the potatoes just before use. Add an egg and a shallot for every two potatoes. Add salt, pepper, and parsley.

Cover the bottom of a frying pan thickly with oil. Heat the oil until it sizzles when a drop of water is flicked into it. Pat the potato mixture into the pan with a spatula. When one side is golden brown, flip it and cook the other side until it is cooked all the way through. Transfer to a plate covered in paper towels. Cut into triangles and serve hot.

Paillassons de pomme de terre

Ingrédients :   Pommes de terre
Œufs
Du sel, poivre, persil, et une échalote
Huile pour friture

Râper taille carottes râpées les pommes de terre et les utiliser immédiatement. Ajouter 1 œuf par 2 pommes de terre, et assaisonner avec sel, poivre, échalote émincée, et persil.

Saisir à la poêle avec un fond d'huile. Quand un coté est doré, retourner sur l'autre. A la fin de la cuisson, le mettre sur un plat de service couvert en papier absorbant. Servir chaud.

Provençal Onion Pie
(Pissaladière)

Ingredients:

For the crust: 1 1/3 cups flour
7 tablespoons butter
1 pinch of salt
¼ cup warm water

For the filling: 3 onions, sliced thinly
Anchovy filets
Black olives
Olive oil

Prepare the crust several hours in advance. Cut the butter into the flour with the salt, gradually adding enough water to obtain an even and workable dough. Refrigerate several hours.

Roll out the dough and line a tart pan. Prick the bottom with a fork and bake it empty for 10 minutes.

While the crust bakes, sauté the onions over low heat until they are soft and golden but not too brown.

Spread the onions evenly in the crust and decorate with the anchovies and the olives. Sprinkle with olive oil and bake until the crust is done.

Pissaladière

Ingrédients :
(Pour la pâte)   200 g farine
                   100 g beurre
                   1 pincée sel
                   ½ verre d'eau chaude

(La garniture)   3 oignons
                   Filets d'anchois
                   Olives noires
                   Un peu d'huile d'olive

D'abord, préparer la pâte brisée quelques heures avant. Incorporer le beurre frais en petits morceaux à la farine en délayant avec l'eau chaude pour obtenir une pâte homogène et assez souple. Mettre la pâte au frigo pendant quelques heures.

Ensuite, faire revenir les oignons émincés au wok à feu doux, jusqu'à ce qu'ils soient ramollis mais pas grillés.

Faire cuire la pâte seule dans une moule à tarte pendant 10 minutes. Puis étaler les oignons sur la pâte et décorer avec les anchois et les olives noires. Ajouter un filet d'huile d'olive et finir la cuisson.

Provençal Roasted Tomatoes
(Tomates Provençales)

Ingredients :   Tomatoes (1 per person)
Salt and olive oil
Salted butter
Garlic, parsley, cubes of dry bread

Cut the tomatoes in half. Seed them, salt them, and then place them cut side down on a plate. Wait about 10 minutes so they drain a little.

Place the tomatoes in a Pyrex or other oven-safe dish with a little olive oil in the bottom. Bake at about 350°F for 20-30 minutes, turning the tomatoes halfway through cooking.

While the tomatoes cook, prepare the topping: sauté the garlic, parsley, and bread cubes in salted butter and olive oil until the bread is crispy. Cover the tomatoes with the topping just before serving.

This may be served as a side dish or as a main dish with long-grain rice such as rice from the Camargue or Basmati.

Tomates à la Provençale

Ingrédients :   Tomates (1 par personne)
Sel, huile d'olive
Ail, persil, cubes de pain
Du beurre salé

Couper les tomates en deux. Egrener, saler et retourner sur une assiette les ½ tomates. Attendre dix minutes pour qu'elles puissent égoutter un peu.

Placer les tomates dans un plat pyrex avec un peu d'huile d'olive au fond. Les faire cuire de chaque côté. Sécher au four à th. 4/180°C en surveillant.

Pendant que les tomates cuisent, préparer la garniture : Faire revenir l'ail, persil, et petits croûtons de pain avec du beurre salé. Couvrir les tomates avec ce mélange juste avant de servir.

Peut se servir comme un accompagnement, ou bien comme un plat principal avec un riz aux grains longs, par exemple Camargue ou Basmati.

Prune Clafoutis
(Clafoutis aux pruneaux)

Ingredients :   8 oz. pitted prunes
A bowl of tea
1 tablespoon of cognac
2 eggs and 1 yolk
¼ cup sugar
1/3 cup sifted flour
1/3 cup + 2 tablespoons heavy cream
1 ¾ cup whole milk

Soak the prunes overnight in the tea and cognac. In the morning, boil off the liquid to concentrate the sugars in the fruit.

Mix the remaining ingredients and add them to the prunes in a buttered Pyrex baking dish. Bake at 375°F until the surface resists when poked with a finger.

Clafoutis ou Far aux pruneaux

Ingrédients : 250 g pruneaux dénoyautés
Un bol de thé
1 cuillère à soupe de cognac
2 œufs et 1 jaune
50 g sucre
60 g farine tamisée
100 ml crème entière liquide
400 ml lait entier

Faire regonfler les pruneaux pendant une nuit dans le thé et au cognac. Le lendemain, faire évaporer la liquide sur le feu pour concentrer le sucre des fruits.

Mélanger les autres ingrédients et mettre avec les pruneaux dans un moule pyrex beurré. Faire cuire à four, th.5/190°C jusqu'à ce que la surface résiste sous le doigt.

Puff Pastries
(Pâte à choux)

Ingredients:

½ cup water	*or*	1 cup water
3 tbsp butter		6 tbsp butter
½ cup flour		1 cup flour
2 whole eggs		4 whole eggs
1 pinch of salt		1 pinch of salt

Melt the butter in the salted water in a pot over low heat. Bring to a boil then remove from the stove. Add the flour all at once, then the eggs one at a time, stirring vigorously with a fork or a whisk after each addition.

Space quarter-sized dabs of the batter evenly on a cookie sheet covered in parchment paper, using either a pastry bag or two spoons.

Bake the puffs in a 375°F oven until they are puffy and don't smell like egg when you open the oven, about 10 to 15 minutes.

Serving Suggestions:

As an appetizer:
* fill the warm puffs with a light cold pâté
* add grated cheese to the batter before baking

As a dessert:
* fill the puffs with custard and drizzle with caramel
* fill the puffs with whipped cream and powdered sugar
* fill the puffs with vanilla ice cream and top with a warm chocolate sauce (Profiteroles)
* for sauce, melt dark chocolate (4 oz. for 4 people) in a double boiler with about half a cup of water and a little cream.

Pâte à choux

Ingrédients :

125 ml eau	*ou*	250 ml eau
40 g beurre		80 g beurre
75 g farine		150 g farine
2 œufs entiers		4 œufs entiers
1 pincée de sel		1 pincée de sel

Dans une casserole à feu doux, faire fondre le beurre dans l'eau salée. Quand ça bout, ajouter la farine d'un coup et les œufs un par un, remuant bien entre chaque addition avec un fouet ou une fourchette.

Faire des petits tas sur une plaque couverte en papier sulfurisé, soit avec deux cuillères, soit avec une douille.

Enfourner à th.5/190°C, 10 à 15 minutes en surveillant.

Garnitures suggérées

En entrée :
* avec pâté fin et froid dans les choux chauds
* incorporer du fromage râpé dans la pâte à choux avant cuisson

En dessert :
* crème pâtissière et caramel
* chantilly et sucre glace
* choux remplis de la glace vanille avec une chaude sauce chocolat (Profiteroles). Pour la sauce, faire fondre une plaque de chocolat Nestlé (une plaque par quatre personnes environ) au bain-marie avec un petit verre d'eau et de la crème liquide.

Quiche Lorraine
for about 6 people

Ingredients: Packaged pastry crust
(*pâte brisée* or *feuilletée*)
2/3 cup bacon cubes
½ cup grated cheese (Swiss)
½ cup cream
Enough milk to make a rather liquid mixture
5 eggs

Precook the crust in a buttered tart pan. To prepare the crust, first trim the edges that go over the sides of the pan. Prick the crust all over with the tines of a fork, then press the sides of the crust to the sides of the pan so they do not fall in. Add a few bacon cubes and bake for about 10 minutes.

In a large bowl, lightly beat the eggs, then stir in the cream, milk, grated cheese, and the rest of the bacon cubes. Season with salt and pepper, then pour into the crust. To decorate, generously sprinkle with grated Swiss cheese. Bake for about 15 minutes, or until the center is no longer liquid.

Quiche Lorraine
pour environ 6 personnes

Ingrédients :   Pâte brisée ou feuilletée (Marie ou Monoprix Gourmet meilleur)
150 g lardons
100 g fromage râpé
½ pot crème
Assez de lait pour avoir une pâte plutôt liquide
5 œufs

Faire précuire la pâte sans le papier du rouleau dans une moule beurrée. Pour préparer la pâte, d'abord découper le bord s'il dépasse les bords de la moule. Ensuite piquer la pâte à la fourchette et appuyer la fourchette sur les bords pour qu'ils ne tombent pas. Ajouter quelques lardons. Cuire environ 10 minutes.

Dans un bol, battre les œufs, la crème, le lait, fromage râpé, le reste de lardons, et assaisonner avec sel et poivre. Verser sur la pâte précuite. Saupoudrer avec du gruyère râpé pour la décoration. Cuire environ 15 minutes.

Quick Chocolate Cake
(Gâteau minute au chocolat)

Ingredients: 6 oz good-quality dark chocolate
3 eggs, separated
2 tablespoons flour
2 tablespoons sugar
3½ tablespoons softened butter

Preheat the oven to 475°F.

Melt the chocolate in a double boiler or in the microwave. Remove from heat and stir in the melted butter. Set aside and let cool.

Next, beat the egg yolks with the sugar until the mixture thickens and lightens. When the melted chocolate has cooled, beat the egg whites until they hold soft peaks. Combine the egg yolks and the melted chocolate, then fold in the egg whites.

Butter a cake pan and dust it with flour or cocoa powder, then pour in the cake batter. Bake about 4 minutes. (The middle of the cake will still be liquid.)

Serve this very rich cake warm with whipped cream, crème anglaise, or an orange-kiwi fruit salad.

Gâteau minute au chocolat

Ingrédients :   180 g chocolat à cuire Nestlé
3 œufs
30 g farine
30 g sucre
50 g beurre mou

Préchauffer le four à th. 8/240°C.

Faire fondre le chocolat au bain-marie ou au micro-onde. Sortir du feu et ajouter le beurre mou. Laisser refroidir.

Ensuite battre les jaunes d'œuf et le sucre jusqu'à ce que le mélange blanchisse. Quand le chocolat fondu est froid, monter les blancs en neige, puis combiner les jaunes d'œuf et le chocolat. Ajouter les blancs en soulevant.

Beurrer et fariner une moule à gâteau et y mettre la pâte. Cuire 4 minutes. Le cœur du gâteau sera encore liquide.

Servir chaud avec chantilly, crème anglaise, ou une salade orange-kiwi.

Ratatouille

Ingredients :   2 zucchini
2 eggplants
1 green pepper
3 tomatoes
1 large onion
Several cloves of garlic in their skin
Thyme and bay
Olive oil
Salt and pepper
Medium hot pepper powder

Peel the zucchini and the eggplants in alternating strips, leaving half the skin on for color. Several hours in advance, cut the eggplants into cubes. Salt and let drain. Cut the zucchini into cubes and the pepper into strips, all of about the same size.

Brown the minced onion, the garlic, and the thyme in olive oil. Add the zucchini and the drained eggplant when the onion is translucent. Cook for several minutes, then add the quartered tomatoes and the bay.

Cook half an hour, covered for the first 15 minutes and then uncovered. Season to taste.

Ratatouille

Ingrédients :   2 courgettes
2 aubergines
1 poivron vert
3 tomates
1 gros oignon
Quelques graines d'ail avec leur peau
Du thym
De l'huile d'olive
Du sel et du poivre
Du piment d'Espelette

Enlever la moitié de la peau des aubergines et des courgettes. Quelques heures avant, découper les aubergines en carreaux. Saler et laisser reposer, puis éponger avant de cuire.

Faire revenir dans un wok avec un fond d'huile d'olive l'oignon haché, l'ail, et le thym.

Puis ajouter l'aubergine, la courgette, et le poivron, tous découpés en carreaux à peu près semblables. Laisser cuire un moment, puis ajouter les tomates en quartiers.

Laisser cuire une demi-heure, puis rectifier l'assaisonnement et ajouter le piment d'Espelette.

Ratatouille Lasagna
(Lasagnes à la ratatouille)

Ingredients: Fresh lasagna noodles
Grated gruyere cheese
Ratatouille
A fairly liquid béchamel sauce

Cut the noodles to the dimensions of a deep baking dish. Prepare three layers of noodles.

Start with a layer of noodles at the bottom of the dish. Cover with béchamel, then with a layer of ratatouille. Add another layer of noodles and repeat, ending with a layer of ratatouille on top. Cover the top with the grated cheese.

Bake half an hour at 400°F.

Lasagnes à la ratatouille

Ingrédients :   Lasagnes fraîches
                    Gruyère râpé
                    Ratatouille
                    Sauce béchamel assez liquide

Faire couper les lasagnes à la dimension d'un plat creux. Prévoir trois couches de pâte.

Mettre une couche de pâte au fond du plat. La couvrir légèrement de la sauce béchamel, puis faire une couche de ratatouille. Faire encore une couche de pâte et recommencer.

Terminer par le gruyère râpé pour gratiner.

Cuire une demi-heure à th.6/200°C.

Rhubarb Tart
(Tarte à la rhubarbe)

Ingredients :   Rhubarb
Sugar
Pastry crust (*pâte brisée*)
2 eggs
1 tablespoon cornstarch
1 tablespoon granulated sugar
Cream and milk

Slice the rhubarb and marinate the slices in sugar.

Bake the empty crust at 400-425°F.

When the crust is ready, drain the rhubarb pieces and place them in the crust.

Next, prepare the filling: in a bowl, combine the 2 eggs, cornstarch, and granulated sugar. Add enough cream and milk to fill the bowl about 2/3 full, and pour the mixture over the rhubarb.

Bake for about 10 minutes at 400°F, checking to make sure it doesn't burn.

Tarte à la rhubarbe

Ingrédients :   Rhubarbe
Sucre en poudre
Pâte brisée
2 œufs
1 cuillère à soupe rase maïzena
1 cuillère à soupe sucre
Crème, lait

Découper la rhubarbe en tronçons. Faire mariner dans du sucre en poudre les morceaux obtenus.

Faire cuire à blanc la pâte brisée à th. 6/200°C ou 7/220°C.

Egoutter les morceaux et les déposer sur la tarte.

Préparer la garniture : mélanger les 2 œufs, 1 c. à s. rase de maïzena, et 1 c. à. s. de sucre dans un bol. Puis ajouter assez de crème et lait pour remplir le bol aux 2/3. Verser le mélange sur la tarte.

Enfourner pendant environ 10 minutes à th.6/200°C. Finir la cuisson en surveillant.

Roasted Beef
(Rôti de bœuf)

Ingredients :   Beef roast
Butter
Pepper

Spread the meat with butter and pepper. Grill it for 10 minutes on each side.

If you would like the beef more thoroughly cooked, lower the heat and cook in the oven at about 400°F for about 5 to 10 minutes.

Rôti de bœuf

Ingrédients :   Du bœuf : rumsteck
                    Du beurre
                    Du poivre

Tartiner de beurre et poivrer la viande.

La mettre au grill du four dix minutes de chaque côté.

Si vous voulez plus cuit, baisser alors le feu et repasser au four normal à th. 6/200°C pour encore cinq à dix minutes.

Roasted Garlic
(Ail grillé)

Ingredients :   A few bulbs of garlic

Remove the outer layers of paper and wrap the whole bulbs of garlic in aluminum foil. Bake for about ½ hour at 200°F, checking occasionally. When very tender, remove from oven and cut off the tops of the bulbs, then squeeze the pulp from the cloves.

Notes : Best with fresh garlic – the season is between April and June. Very good with roasted lamb.

Ail grillé

Ingrédients :   Quelques bulbes d'ail
                    1 cuillère à soupe huile d'olive

Plier la tête entier dans de l'aluminium. Cuire au four pendant environ une ½ heure à th. 6/200°C en surveillant. Quand cuit, décapiter le haut de la tête et récupérer la pulpe dans les loges.

Conseils : Mieux avec ail frais – la saison est entre avril et juin ; très bon avec agneau grillé.

Salmon with Vegetables
(Papillote de saumon aux petits légumes)

Ingredients :   Aluminum foil
Salmon filet
Salt, pepper & pink peppercorns
Salted butter
½ cup Noilly Prat
A few minced mushrooms
1 chopped shallot
Diced carrots
Leeks, sliced thinly
1 minced onion

Place the salmon on the aluminum foil in a baking dish. Add a few nuggets of salted butter, the Noilly Prat and the mushrooms. Salt and pepper.

Steam the carrots, the leeks, and the onion until tender but still slightly crunchy. Add them to the salmon, balancing the colors.

Prepare a shallot reduction: mix a teaspoon of Xeres vinegar, ¼ cup white wine, ½ cup water and the minced shallot. Reduce to ¼ and pour over the salmon.

Fold over the aluminum and seal the edges to keep in the steam. Cook at 400°F, testing from time to time, until the fish is just cooked through. The less it's cooked, the better it will be.

Serve with fresh baby spinach and/or ink pasta

Papillote de saumon aux petits légumes

Ingrédients :   Filet de saumon
Sel, poivre 5 baies et
Quelques baies roses
Beurre salé
1 verre de Noilly
Quelques champignons de
Paris émincés
Echalote hachée
Carottes
Poireaux
Oignon

Sur un plat du four dans du papier aluminium mettre le filet de saumon, saler et poivrer, ajouter quelques noisettes de beurre salé, le verre de Noilly, et les champignons.

Faire précuire à la vapeur croquant les carottes coupées en petits dés, lamelles de poireaux, et l'oignon émincé.

Joindre au saumon en équilibrant les couleurs.

Puis préparer la réduction d'échalote : mélanger 1 cuillère à café de vinaigre Xeres, ½ verre de vin blanc, 1 verre d'eau et de l'échalote hachée. Réduire à ¼ et ajouter au saumon.

Refermer la papillote et cuire à th.6/200°C en surveillant. C'est meilleur le moins cuit possible.

Servir avec des épinards frais en feuilles et/ou des pâtes à l'encre de seiche.

Scallops
(Coquilles St Jacques)

Ingredients :   4 scallops, shelled
1 chopped shallot
1 teaspoon Xeres vinegar
Some Noilly Prat
Salted butter or sour cream

Bread the scallops with flour or cornstarch. Sauté them until golden, without cooking them too much.

Reduce almost until dry the shallot, vinegar, Noilly Prat, and a little water, and add this sauce to the scallops.

Serve with salted butter cut into small pieces or sour cream.

Coquilles St Jacques

Ingrédients :   4 St Jacques en noix
Une échalote hachée
Une c. à café de vinaigre de Xeres
Un peu de Noilly
Du beurre salé ou de la crème fraîche

Paner les noix de farine ou de maïzena. Faire dorer les noix sans trop les cuire.

Faire réduire presque à sec l'échalote, le vinaigre de Xeres, le Noilly et un peu d'eau, et ajouter cette sauce aux noix.

Servir avec du beurre salé coupé en petits morceaux ou de la crème fraîche.

Sea Bream with White Wine
(Daurade au vin blanc)

Ingredients :   1 whole sea bream
Onions
1 lemon
1 tomato
Thyme
Olive oil
½ cup white wine

Scale and bone the fish, then place it on a bed of minced onions in a baking dish, with a few slices of lemon and tomato. Add a little thyme, some olive oil, and the wine. Bake in the oven at 400°F for about a half an hour.

Daurade au vin blanc

Ingrédients : Une daurade
Des oignons
Un citron
Une tomate
Du thym
De l'huile d'olive
Un verre de vin blanc

Poser le poisson écaillé et vidé sur un lit d'oignons émincés dans un plat à four, avec quelques tranches de citron et de tomate. Ajouter un peu de thym, un peu d'huile d'olive, et le vin. Cuire à four, th.6/200°C, environ une demi-heure.

Sea Robin in Court Bouillon
(Grondin au court bouillon)

Ingredients: Sea Robin (also called Gurnard)
2 cups dry white wine
1 onion studded with cloves
A few carrots
A few leeks
1 stalk of celery
A few peppercorns
Thyme and bay

First, prepare the court bouillon: combine the wine, the onion, the carrots, leeks, and seasonings in water and cook them.

When the vegetables are cooked, place the fish in the boiling stock. When it begins to boil again, turn off the heat but leave the fish in the stock for 10 minutes.

Serve with vinaigrette or mayonnaise.

Grondin au court bouillon

Ingrédients :   Du grondin
50 cl vin blanc sec
1 oignon avec clous de girofle
Quelques carottes
Quelques poireaux
1 brin de céleri
Quelques grains de poivre, thym et laurier

D'abord faire cuire à l'eau le vin, l'oignon, les carottes, poireaux, céleri, le thym, laurier, et poivre.

Puis dans le court bouillon bouillant placer le poisson sur la grille. Quand l'ébullition a repris, compter 10 minutes et laisser le poisson dans le court bouillon éteint.

Servir avec vinaigrette ou mayonnaise.

Semolina Cake
(Gâteau semoule)
for 4 people

Ingredients : ½ cup semolina flour
       2 cups whole milk
       Raisins reconstituted in rum
       1 egg
       Sugar to taste

Cook the semolina in the milk. When the semolina is cooked, beat the egg and add it, then add the raisins and sugar.

Bake in a caramelized cake pan to color the batter.

Gâteau semoule
pour quatre personnes

Ingrédients :   125 g semoule (Floraline)
                    50 cl lait entier
                    Raisins regonflés dans du rhum
                    1 œuf
                    Du sucre

Faire cuire la semoule dans le lait. Quand la semoule est cuite, battre l'œuf et l'ajouter, puis les raisins et le sucre.

Cuire au four dans une moule caramélisée pour colorer la pâte.

Shoulder of Lamb
(Epaule d'agneau)

Ingredients: A shoulder of lamb
Baking potatoes
½ cup bouillon or stock
2 cloves garlic
1 bay leaf

Have the butcher bone the lamb, but cook it with the bone for a richer taste.

Slice the potatoes regularly and arrange them in layers in a buttered baking dish, salting and peppering each layer. Add the garlic cloves, cut in half and with the germ removed, but in their skins. Tear the bay leaf in half and add it with the bouillon. Oil the lamb lightly and salt and pepper it, then place it and the bone on top of the potatoes.

Cook about half an hour at 400°F, stirring the potatoes from time to time so they don't scorch, until everything is tender.

Epaule d'agneau

Ingrédients :   Une épaule d'agneau
Des pommes de terre
Une demi-tablette de bouillon dans
un verre d'eau
Deux gousses d'ail
Une feuille de laurier

Faire désosser l'épaule par le boucher mais cuire avec l'os pour un meilleur goût.

Dans un plat à gratin beurré, couper les pommes de terre en tranches régulières. Saler et poivrer à chaque couche. Ajouter 2 grains d'ail coupés en deux dans leur peau avec les germes enlevés. Ajouter aussi une feuille de laurier coupée en deux et le bouillon. Poser l'épaule, huilée légèrement à la main et salé et poivré.

Cuisson environ une demi-heure à th.6/200°C en surveillant. Remuer de temps en temps les pommes de terre pour qu'elles ne grillent pas.

Shrimp Salad
(Salade Pamplemousse-Crevettes-Maïs)

Ingredients: 1 grapefruit, peeled and sectioned,
With the membrane removed
1 small can of corn
½ red pepper, in small cubes
Small packaged shrimp
1 head of lettuce (lambs lettuce or
other small-leaf lettuce)

Combine all of the above ingredients, balancing the colors to make an attractive salad, and serve with mayonnaise or cocktail sauce.

Mayonnaise Sauce:
(bring all ingredients to the same temperature)
> 1 egg yolk
> 1 teaspoon mustard
> Oil added drop by drop
> Salt and pepper

Cocktail Sauce:
> Mayonnaise
> Whiskey
> Ketchup
> A little hot pepper

Salade Pamplemousse-Crevettes-Maïs

Ingrédients :   1 pamplemousse pelé à vif
1 petite boite de maïs (Géant Vert)
½ poivron rouge en petits carreaux
Petites crevettes en sachet, ou des crevettes plus grosses avec la peau
1 salade – mâche ou sucrine

Mélanger les ingrédients en équilibrant les couleurs, puis ajouter une sauce mayonnaise ou cocktail.

Sauce mayonnaise :   (tous les ingrédients à même température)
Un jaune d'œuf
1 cuillère à café moutarde
Huile goutte à goutte
Sel et poivre

Sauce cocktail :   Mayonnaise
Whisky
Ketchup
Un peu de piment

Soft Chocolate Cake
(Moelleux au chocolat)

Ingredients: 4 oz. good-quality dark baking chocolate
4 tablespoons water
7 tablespoons butter
5 eggs
½ cup flour
1 cup sugar
¼ cup powdered almonds (optional)

In a double boiler, melt the chocolate in the 4 tablespoons of water. When the mixture is consistent, add the butter in small pieces.

Beat the egg yolks with the sugar. When even, add the chocolate mixture and the sifted flour. Let this mixture cool, and when it is about room temperature, beat the egg whites until they hold stiff peaks and fold them in.

Place a piece of parchment paper at the bottom of a 7-inch soufflé mold. Butter the pan and the paper well, then add the batter. Only fill the pan ¾ of the way. Bake for about 45 minutes at 375°F.

Moelleux au chocolat

Ingrédients :   125 g chocolat à cuire
4 cuillères à soupe d'eau
100 g beurre
5 œufs
125 g farine
250 g sucre
50 g poudre d'amandes (facultatives)

Au bain-marie, faire fondre le chocolat dans l'eau. Quand le mélange est homogène, ajouter le beurre en petits morceaux.

Battre les jaunes d'œuf et le sucre. Quand homogène, ajouter le chocolat et la farine tamisée. Laisser ce mélange refroidir, et quand froid, battre les blancs en neige ferme et les ajouter en soulevant.

Mettre une pièce de papier sulfurisé au fond d'une moule à soufflé (diamètre 18 cm) pour faciliter le démoulage. Bien beurrer la moule et le papier et y verser la pâte. Ne remplir pas la moule plus qu'aux ¾. Cuire au four à th. 5/190°C pendant environ 45 minutes.

Spanish Rice with Cuttlefish
(Riz à l'Espagnole avec Blanc de seiche)

Ingredients : *(for the rice)*
Olive oil
1 onion
Untreated long-grain rice
1 bouillon cube

(for the cuttlefish)
Strips of cuttlefish or calamari
Olive oil
½ cup white wine

Slice the cuttlefish and sauté the pieces in olive oil. When the cuttlefish begins to give off liquid, add the white wine. Let cook until the cuttlefish is easily cut with a fork.

Sauté the minced onion in olive oil. Add the rice.

When the rice is colored, add either the bouillon diluted in hot water, or the liquid from cooking the cuttlefish.

Place the cuttlefish on the rice and reheat in the oven, if necessary.

Riz à l'Espagnole avec
Blanc de seiche

Ingrédients :   *(pour le riz)*
Huile d'olive
1 oignon
Riz aux grains longs (Camargue, Surinam, etc.) non traité
1 cube de bouillon

(pour le seiche)
Huile d'olive
1 verre de vin blanc

Emincer l'oignon et le faire revenir à l'huile d'olive. Ajouter le riz.

Quand le riz est coloré, ajouter soit le bouillon dilué dans de l'eau chaude, soit le liquide de cuisson de seiche.

Couper les lanières de seiche en tronçons et les faire revenir dans une sauteuse avec un fond d'huile d'olive. Quand la seiche rend son eau, ajouter un verre de vin blanc. Laisser cuire jusqu'à ce que la seiche soit tendre (se coup avec la tranche d'une fourchette).

Poser la seiche sur le riz et faire réchauffer à four chaud si nécessaire.

Split-pea Soup
(Soupe de pois cassés)

Ingredients: 8 oz. split peas
1 onion, minced
2 oz. bacon, torn into small strips
1 carrot, diced
Several leaves of lettuce, shredded

Precook the split peas for 10 minutes in a pressure cooker.

Brown the onion, the bacon, the carrot and the lettuce over medium heat. When the onion is transparent, add the peas and a bit of water and season to taste. Stir to pick up the juices from the pan, then transfer everything back to the pressure cooker and cook for 20 minutes. Put the soup through a vegetable mill and serve with croutons.

Soupe de pois cassés

Ingrédients :   250 g pois cassés
                     1 oignon
                     50 g lardons
                     1 carotte
                     Quelques feuilles de laitue

Précuire les pois cassés 10 minutes à la cocotte-minute.

Faire revenir l'oignon, les lardons, la carotte et la laitue à la poêle doucement. Quand l'oignon soit transparent, rajouter les pois et un peu d'eau et assaisonner.

Remettre le tout dans la cocotte-minute et le refermer. Laisser cuire 20 minutes. Passer au moulin à légumes.

Servir avec des croûtons de pain frits.

Stuffed Fruit
(Fruits déguisés)
a Christmas time snack or dessert

Ingredients: Dates
Shelled walnuts
Prunes or dried cherries
Marzipan in several colors
Instant coffee

Split the dates in half and stuff them with green marzipan.

Mix a teaspoon of instant coffee in a small amount of water and work it into a piece of white marzipan. Place pieces of the flavored marzipan in between two walnut halves.

Flavor a piece of pink marzipan with a currant, blackberry, or other berry liqueur, and use it to stuff the prunes or dried cherries split in two.

Fruits déguisés

(Petites bouchées de Noël)

Ingrédients :   Dattes
Cerneaux de noix
Pruneaux ou bigarreaux
Pâte d'amandes en plusieurs couleurs
Café

Fendre les dattes en deux et les farcir avec de la pâte d'amande verte.

Mélanger 1 cuillère à café de café en très peu d'eau et le travailler dans une pièce de pâte d'amandes blanche. Mettre des morceaux de la pâte parfumée entre deux cerneaux de noix.

Parfumer de la pâte d'amandes rose avec une liqueur cassis, mûre, ou fruits rouge, et l'utiliser pour farcir des petits pruneaux ou bigarreaux coupés en deux.

Tartiflette

Ingredients: 2 potatoes per person
Smoked bacon in small pieces
1 onion, grossly minced
1 shallot, grossly minced
Heavy whipping cream
Reblochon or similar cheese

Cook the potatoes in salted water. Peel them and slice them very thinly. Brown the onion, shallot, and bacon in a frying pan, adding the potatoes with a little butter and oil when they are thoroughly browned.

When the potatoes are golden brown, transfer everything to a shallow baking dish. Add enough cream to almost cover the potatoes, then top with the cheese.

Bake in a hot oven until the cheese is melted and golden.

Tartiflette

Ingrédients :   2 pommes de terre par personne
Lardons fumés
1 oignon émincé en carreaux
1 échalote émincée en carreaux
De la crème fraîche liquide à
15% matière grasse
Du reblochon ou un fromage
de tartiflette

Faire cuire les pommes de terre à l'eau salée. Les peler et les détailler en tranches d'un demi-centimètre. Faire revenir à la poêle les lardons, l'oignons, et l'échalote, puis quand bien doré ajouter les pommes de terre avec du beurre et de l'huile.

Quand tout est doré verser dans un plat à gratin pyrex. Délayer avec de la crème et couvrir avec le fromage.

Laisser cuire au four chaud jusqu'à ce que le fromage soit fondu et doré.

Tiramisu

Ingredients :   1 box of ladyfingers
                       8 ounces mascarpone cheese
                       3 eggs minus 1 egg white
                       1/3 cup sugar
                       Strong coffee or espresso
                       Rum and fruit juice

The day before, beat the egg yolks with the sugar until the mixture lightens and thickens slightly.

Mix the strong coffee, a dash of rum, and the mascarpone. When the mixture is uniform, beat the egg whites until they hold stiff peaks and then fold them into the mascarpone.

Soak the ladyfingers quickly in a mixture of rum and fruit juice.

In a dish, alternate a layer of soaked ladyfingers with a layer of cream, beginning with the ladyfingers and ending with the cream. Let the tiramisu sit during the night.

Just before serving, powder the entire top with unsweetened cocoa powder.

Tiramisu

Ingrédients :   1 boite biscuits à la cuillère
250 g mascarpone
3 œufs moins 1 blanc
100 g sucre
Nescafé liquide très concentré
Du rhum et du sirop

(A faire la veille.) Battre les jaunes d'œuf et le sucre jusqu'à ce que le mélange blanchisse.

Mélanger le Nescafé, un poil de rhum, et le mascarpone. Quand le mélange est homogène, monter les blancs d'œufs en neige ferme et puis les mélanger en soulevant.

Tremper rapidement les biscuits dans un mélange de rhum, sirop et eau.

Dans un plat, alterner une couche de biscuits avec une couche de la crème, commençant avec les biscuits et terminant avec la crème. Laisser reposer pendant la nuit. Juste avant de servir, saupoudrer avec du cacao en poudre non sucré.

Truffles
(Truffes)

Ingredients :   7 oz. chocolate
½ cup heavy cream
Cocoa powder

Melt the chocolate in a double boiler with the cream. Stir until smooth, take it off the heat, allow to cool, then refrigerate overnight.

The next day, cover your hands in cocoa powder and roll teaspoons of the cold chocolate mixture into balls in your palms. Keep in the refrigerator.

Truffes

Ingrédients :   200 g chocolat Nestlé
                    125 ml crème épaisse vrai

La veille, faire fondre rapidement le chocolat avec la crème au bain-marie. Quand le mélange devient une pâte homogène, retirer-le du feu et laisser-le reposer au frigo pendant la nuit.

Le lendemain, faire rouler en boules d'une cuillère à café dans la paume des mains, puis rouler en cacao non sucré.

Vanilla Butter Cookies or Tart Crust
(Sablés Vanille)

Ingredients: 1 2/3 cups flour
8 tablespoons butter
½ cup sugar
1 egg
A pinch of salt
Vanilla extract
1 tablespoons powdered almonds

Make the dough a day ahead of time.

In a bowl, mix the egg, the sugar, the salt and a few drops of vanilla extract, then the flour. When the mixture is about the consistency of sand, pour it onto the work surface and add the butter, cut into little pieces, working the dough as little as possible. When the dough is supple and homogenous, refrigerate it at least an hour, overnight if possible. If it's still too soft in the morning, add more flour. At this point, add the powdered almonds.

Roll out the dough evenly and cut it with cookie cutters, or use it to line a tart pan. Bake the cookies at 400°F for about 10 minutes, watching closely.

These will keep well in a cookie tin.

Sablés Vanille

Ingrédients :   250 g de farine
125 g de beurre
125 g de sucre
1 œuf
Une pincée de sel
De l'extrait de vanille
Une cuillère à soupe de poudre d'amandes et/ou un sachet
de sucre vanillé

Faire la pâte la veille.

Dans une terrine, mélanger l'œuf, le sucre, le sel et l'extrait de vanille, puis ajouter la farine. Quand ce mélange est sableux, verser sur le plan de travail et incorporer le beurre coupé en petits morceaux en travaillant le moins possible. Quand la pâte est souple et homogène, mettre-la au frigo pendant au moins une heure, mieux pendant la nuit. Si la pâte est trop molle à la sortie du frigo, ajouter encore de la farine.

On peut à ce moment-là ajouter un sachet de sucre vanillé, une cuillère à soupe de poudre d'amandes, ou bien les deux.

Etaler régulièrement la pâte et le découper à l'emporte-pièce. Cuire à four à th.6/200°C pendant environ 10 minutes en surveillant.

Les sablés se conservent en boite en fer.

Veal Blanquette
(Blanquette de veau)

Ingredients: 5 oz. veal pieces per person
Olive oil
2 medium onions, chopped
3 carrots cut into pieces
100 g bacon cubes
Flour
½ cup dry white wine (ex. Sauvignon or Picpoul)
1 bouillon cube
Dried mushrooms (*cèpes*) reconstituted in milk

Ask the butcher for pieces of veal to make a blanquette, or stew– cut into pieces. Estimate 5 oz. per person.

In a pot, sauté the onions, carrots, and bacon cubes in olive oil.

Place the veal in a strainer and dust it with flour. Shake out the excess flour, then brown the meat with the vegetables.

Next, add the wine, bouillon, and enough water to cover the meat. Cook at high heat, then lower the heat and add the cèpes. Let cook for about 40 minutes.

Blanquette de veau

Ingrédients :   150 g par personne de morceaux
de veau
Huile d'olive
2 oignons moyens
3 carottes en morceaux
100 g lardons
Farine
1 verre de vin blanc sec
(Sauvignon ou Picpoul)
1 tablette bouillon
Des cèpes secs ramollis en lait

Demander au boucher des morceaux de veau pour une blanquette – jarret, tendron, etc. – coupés en morceaux. Compter 150 g par personne.

Dans une cocotte, faire revenir à l'huile d'olive les oignons, carottes, et lardons.

Mettre la viande dans une passoire et saupoudrer de farine. Secouer l'excès de farine, puis faire dorer la viande avec les légumes.

Ensuite ajouter le vin blanc, le bouillon, et assez d'eau pour couvrir la viande. Faire cuire à feu vif puis baisser le feu et rajouter des cèpes secs. Laisser cuire environ 40 minutes.

Vol au Vent
(Bouchées à la Reine *ou* Vol au Vent)

Ingredients: Prepared pastry shells
2 tablespoons butter
1 tablespoons flour
2 cups milk
Salt and pepper
Shrimp, mushrooms, fish
or
Mushrooms, ham, cheese
or
Flaked salted cod
or
Veal, mushrooms, tomato sauce

Make a <u>white sauce</u>: melt the butter, then remove it from the heat and add the flour, mixing well. Add the milk slowly, then simmer over medium heat, stirring constantly, until it has thickened somewhat.

Fill the shells with the filling of your choice, perhaps mixed with the white sauce.

- See recipe for White Sauce (Sauce Béchamel)

188

Bouchées à la Reine (Vol au vent)

Ingrédients :   Feuilletage acheté
30 g de beurre
1 cuillère à soupe bombée de farine
50 cl de lait
Sel et poivre

Crevettes, champignons, poisson
ou
Champignons, jambon, fromage
ou
Brandade de morue
ou
Veau, champignons, sauce tomate

Faire une sauce béchamel : faire fondre le beurre, puis enlever du feu et ajouter la farine. Délayer avec le lait quand le mélange est homogène, puis remettre à feu moyen en remuant constamment.

Remplir les bouchés de ce que vous voulez, les arroser avec de la béchamel.

Waffles
(Gaufres)

Preparation 15 min + 1 hour, cooking 5 min per waffle

Ingredients :   2 cups of liquid :
1 cup milk, 1 cup milk or beer
3 tablespoons powdered sugar
2 tablespoons granulated sugar
½ cup butter
1 cup flour
1 teaspoon baking powder
4 eggs, separated
1/3 cup *crème fraîche* or sour cream
1 tablespoon orange flower water

In a saucepan over low heat, mix 1 cup of milk and the sugars. When the sugar is dissolved, remove from the heat and add the butter.

Sift the dry ingredients into a large bowl, then add the egg yolks one by one, stirring after each addition. Add the milk, beer, *crème fraîche*, and orange flower water. Mix quickly until the dough is uniform and let rest for an hour in the refrigerator.

Just before cooking, mix the egg whites with a pinch of salt and a few drops of lemon juice or vanilla extract. Beat the egg whites until they hold soft peaks, then fold them into the dough.

Cook in a buttered waffle iron for about 5 minutes.

Gaufres

*Préparation 15 min., attente 1 heure,
cuisson 5 min. par gaufre*

Ingrédients : 50 cl de liquide: dont 25 cl lait,
25 cl lait ou bière
3 cuillères à soupe sucre glace
2 cuillères à soupe sucre en poudre
125 g beurre
250 g farine
1 cuillère à café levure chimique
4 œufs séparés
10 cl crème fraîche
1 cuillère à soupe d'eau de fleur d'oranger

Mélanger 25 cl lait et les sucres dans une casserole à feu doux. Quand le sucre se dissout, enlever du feu et ajouter le beurre.

Dans une jatte, tamiser les ingrédients secs, puis ajouter les jaunes des œufs un par un, agitant entre chaque addition. Ajouter le lait, la bière, et la crème fraîche, puis l'eau de fleur d'oranger. Mélanger rapidement jusqu'à ce que la pâte soit homogène, puis laisser reposer une heure au frais.

Juste avant cuisson, battre les blancs en neige avec une pincée de sel et un peu de citron ou vanille et l'ajouter à la pâte en soulevant.

Faire cuire dans un gaufrier beurré, cinq minutes environ.

White Sauce
(Sauce Béchamel)

Ingredients: 1 tablespoon butter
                         1 tablespoon flour
                         2 cups milk

Melt the butter, then remove from heat and add the flour and milk. Over low heat, cook and thicken the sauce, stirring constantly.

If the sauce is too liquid, add a teaspoon of cornstarch in cold milk. If the sauce is too thick, add more milk.

Sauce Béchamel

Ingrédients :   20 g beurre
Une cuillère à soupe bombée de farine
500 ml de lait

Faire fondre le beurre, puis ajouter la farine et le lait hors du feu. Faire cuire la sauce pour l'épaissir à feu doux en tournant sans arrêt.

Ajouter une cuillère à café de maïzena dans un peu de lait froid si la béchamel est trop liquide.

Ajouter du lait si elle est trop épaisse.

White Wine Crowns
(Couronnes au Vin Blanc)

Ingredients :   1 cup vegetable oil
1 cup sugar
1 cup white wine
Flour

Preheat the oven to 400°F.

Mix the oil, sugar, and white wine. Add enough flour to make the dough form a soft ball.

Pinch off pieces of dough and make cute little rings on a cookie sheet covered with parchment paper. Sprinkle with sugar.

Bake 5 to 10 minutes, watching to make sure they don't burn, turning to brown both sides lightly.

Couronnes au Vin Blanc

Ingrédients :   1 verre d'huile
                    1 verre de sucre
                    1 verre de vin blanc
                    De la farine (environ 3 verres)

Préchauffer le four à th.6/200°C.

Mélanger l'huile, le sucre et le vin blanc. Ajouter assez de farine pour obtenir une pâte en boule.

Faire des boudins. Les mettre en couronnes sur du papier sulfurisé sur un plat à four. Saupoudrer de sucre.

Cuire à four 5 à 10 minutes en surveillant. Retourner pour dorer les deux côtés.